モンテッソーリ教育×ハーバード式
子どもの才能の伸ばし方

輝きベビーアカデミー 代表
伊藤美佳

かんき出版

はじめに

学力だけではない、その子どもだけが持つ才能を引き出そう

いま、脚光を浴びているモンテッソーリ教育。アメリカではすでに著名人を多数輩出していることで有名ですが、日本では知る人ぞ知るという教育法でした。ところが最近、将棋の藤井聡太さんが小さい頃からモンテッソーリ教育を受けていたことがわかり、日本でも注目を集めています。

私は幼稚園と保育園に計26年間勤務し、そのうちの9年間を代表として務めてきました。なかにはモンテッソーリ教育を取り入れている園もありました。

その後、0歳からの乳幼児親子教室「輝きベビースクール」や「輝きベビー保育園」を設立・運営し、これまでに1万5000人以上の乳幼児を教え、9000組の親子と接してきました。

こうした経験を通じてわかったのは、**群を抜いて成績がよい子、スポーツですばらしい実績を残す子、大人になって仕事で活躍する人など、どの分野であっても才能を開花させる人は、親から抑圧されず、自分の意志を尊重してもらった**ということです。

子どもが持っている能力は、可能性に満ちあふれています。その能力を、人よりも秀でた才能に育てるため私が採用しているのが、ハーバード大学のハワード・ガードナー教授が提唱している「多重知能理論」です。

ガードナー氏は、「人の能力は、IQなどの単一のモノサシで測れない」「人間は誰しも複数の知能を持っている」と言い、言語的知能、論理数学的知能、音楽的知能など、人が持つ「8つの知能」をモノサシにしています。

私はこの理論をベースにして日本人向けにアレンジし、独自に1つの知能をプラスした「9つの知能」を構築しました。**「9つの知能」**を通じ、その子どもだけが持つ才能を多角的に引き出すことを目指しています。

モンテッソーリ教育では、小学校入学までにさまざまな場面で集中できる機会をつくってあげることで、集中力を最高レベルまで高めていきます。この**集中力が、得意なことや好きなことを「誰にも負けない才能」に育てるためにとても大切**です。

藤井聡太さんが最年少でプロ棋士になれたのは、モンテッソーリ教育で培った驚異的な集中力を発揮したためではないでしょうか。

モンテッソーリ教育を受けた著名人は、ほかにもこんな人たちがいます。

・バラク・オバマ（前アメリカ大統領）
・クリントン夫妻（元アメリカ大統領と国務長官）
・ビル・ゲイツ（マイクロソフト創業者）
・マーク・ザッカーバーグ（Facebook 創設者）
・ラリー・ペイジとセルゲイ・ブリン（Google 創業者）
・ジェフ・ベゾス（Amazon 創業者）
・ジミー・ウェールズ（Wikipedia 創業者）
・P・F・ドラッカー（経営学者）
・ガブリエル・ガルシア＝マルケス（作家）
・ジョージ・クルーニー（俳優）
・アン・ハサウェイ（女優）
・ビヨンセ・ノウルズ（歌手）
・テイラー・スウィフト（歌手）

政治家、起業家、学者、作家、俳優、歌手……と、多種多様な才能を花開かせているのがわかります。

では、才能を伸ばしてあげるには、いつ頃までに何をすればよいのでしょうか。

大切なのは、小学校入学までの乳幼児期（0〜6歳）。この時期に、子どもがとにかく興味があるもの、関心を引くものに集中できる場面をつくってあげることです。

「まだ早いのでは？」と思うかもしれませんが、このときの経験が大人になってから生きて、才能をぐんと伸ばしていきます。

なぜ、乳幼児期が大事なのかというと、子どもの能力は、小学校入学くらいまでに最も大きく成長するためです。

特に脳科学の分野では、**3歳までに将来の能力を左右する脳の神経細胞のネットワークができあがる**と言われています。

この脳にとっていちばん大切な時期に、親がどのような経験をさせてあげられるかで、子どもが発揮できる能力は大きく変わってくるのです。

子どものとる行動は、根っこに「能力を伸ばしたい」という欲求があります。すべては、成長のため。

それが大人の目には「頑固」「いうことを聞かない」「話を聞いていない」「無謀な

ことに挑戦する」など、困った行動に映ることがあります。

私は、そんな悩みを、親御さんや教育者の方から聞く機会が少なくありません。

「しちゃダメ！」と親が子どもの行動を禁止したとき、子どもは怒ったり、泣き出したりすることがあります。

これは、怒られたことが悔しいわけではありません。親は「わがままをいわないで」と思っているかもしれませんが、**「もっと能力を使わせてよ！」「もっと能力を引き出してよ！」という子どもの切実な訴え**なのです。

状況にもよりますが、小学校に入るくらいまでは基本的に「子どもに我慢をさせなくてもいい（子どもの意思を尊重する）」というスタンスでよいと考えます。

小学校入学までにさまざまな経験をし、物事に集中する習慣をつけることで、人生を力強く生きるための「土台」をつくることができるからです。

このようにお話しすると、「我慢させないと、自己中心的でわがままな子どもになるのでは？」と心配される親御さんもいます。

本文でも例を紹介していますが、子どもの心が十分に満たされると、人の気持ちを考えられるようになりコミュニケーション能力も伸びていくので、心配はいりません。

これからＡＩ（人工知能）が発達し、人生１００年といわれる時代を豊かに生きるには、詰め込み教育による学力では太刀打ちできません。

どんな時代にも対応できるのは、「自分で考え、解決する力」「自分を信じる力」「豊かな人間関係を築くコミュニケーション能力」など普遍的な能力だと考えています。

本書では、とにかく「家庭でできること」を目指して、これからの時代を生きる子どもの能力を伸ばす40のメソッドを紹介しました。

まずはできることから始めていってください。

必ず子どもに前向きな変化があらわれ、あなた自身にも昨日より笑顔が増えるはずです。

伊藤　美佳

Chapter 1

どんな子も「天才の芽」を持っている

Chapter

2

「9つの知能」で世界に通用する才能が開花する

Chapter
3
才能を伸ばす子は「集中力」が違う

Chapter

4

子どもの能力を引き出す8つの心得

Chapter

5 スポーツ万能の子どもに育つ「運動」のフロー

Chapter

6 学力を伸ばしてくれる「知能」のフロー

Chapter

7

豊かな心が育つ「感性」のフロー

Chapter

8

人間関係に恵まれる「社会性」のフロー

・編集協力　高橋一喜
・本文デザイン　荒井雅美（トモエキコウ）
・本文イラスト　伊藤カヅヒロ
・本文図版　石山沙蘭
・本文 DTP　野中賢（システムタンク）

どんな子も「天才の芽」を持っている

子どもの才能は
先天的に決まっているのではなく、
後天的に引き出されるものです。
特に乳幼児期のすごし方が
子どもの将来を大きく左右します。

藤井聡太棋士も学んだモンテッソーリ教育

親は「子どもの能力を引き出す」存在

本書のテーマでもあるモンテッソーリ教育は、イタリア初の女性医師であるマリア・モンテッソーリによって提唱されました。

モンテッソーリ教育の基本的な考え方は次のようなものです。

「子どもは自らを成長させ、発達させる力を持って生まれてくる。したがって大人である親や教師は、子どもの成長要求をくみ取り、自由を保障すると同時に、子どもたちの自発的な活動を援助する存在に徹しなければならない」

「ハートバッグ」

少々堅苦しい表現に感じるかもしれませんが、私はこのように解釈しています。

モンテッソーリ教育の根本に流れているのは、**「子どもの自立であり、親は子どものそばに寄り添い、見守る存在でいることが大事。決して手を貸したり、世話を焼いたりする存在ではなく、子どもの能力を引き出す存在である」**と。

特にメディアを通じて有名になったのは、モンテッソーリ教育のひとつとして取り入れられている「ハートバッグ」の制作です。これは切れ目を入れた長方形の色紙同士を編み込んでつくるハート形のバッグのこと。

3歳の頃、藤井聡太さんは夢中でハート

バッグをつくり、その数は100個に及んだといいます。

実際にやってみるとわかるのですが、ハートバッグをつくるのは容易ではありません。大人でも最初は苦戦するほどのレベル。

上下、交互に色紙をくぐらせるのですが、つまんだり、通したり、引っ張ったりなどの複合的な能力が必要になるので、一つひとつ順を追って作業を覚えていく必要があります。

モンテッソーリ教育では、ハートバッグにかぎらず、子どもが夢中になれるような教具が用意され、子どもが自由に選べる環境になっています。

さまざまな種類の教具を通じて、秩序立った体の動かし方や五感、言語感覚、数学的感覚などを身につけていくのです。

育て方次第で「自立した子」にも「指示待ちの子」にもなる

私自身、一般的な幼稚園だけでなく、モンテッソーリ教育を導入している幼稚園で働いていたことがあります。

また、私には長男、長女、次女の3人の子どもがいますが、長女と次女はモンテッソーリ教育を採用している幼稚園に通わせていました。つまり、一般的な幼稚園とモンテッソーリ教育を採用している幼稚園の違いについて身をもって経験してきたのです。

この経験からいえることは、**2つの幼稚園では成長してからの能力に大きな差がつく**、ということです。

ひとつ例をあげましょう。

一般的な幼稚園では、登園した当日にならなければ、子どもたちはどんな活動をするのか知らされません。だから、子どもたちは先生の指示を受けて動くのが当たり前になっていきます。

こうした幼稚園では、素直で、ものわかりのよい子が育ちますが、あくまでも「やらされている」ので、子どもたちは自分の頭で考える機会を与えられません。

子どもの頃はそれでもいいかもしれませんが、問題解決力や発想力、応用力など社会に出てから必要不可欠になる能力が乏しい子になってしまいます。

一方、モンテッソーリ教育を実践している幼稚園では、子どもたちを自由にさせる環境が整っています。通常の幼稚園のように「あれをしましょう」「これをしてはいけません」と先生に決められることがありません。

このような環境で育つ子どもは、自分の頭で考え、自分で人生を選択できるようになっていきます。

さらに、先生によって「承認」されたことを実感した子どもは、先生のことを信頼し、自分勝手な行動をとらないようになっていきます。

子どもの自立心を養うのがモンテッソーリ教育の特徴です。

私自身も子育ての最大にして最終の目的は、子どもを「自立」させることだと考えています。

AI時代に求められる能力とは？

≫「管理型教育」のままでいいですか？

いま時代が大きく変わってきたにもかかわらず、教育の現場では旧態依然な管理型教育が主流のまま。親や先生の価値観を刷り込み、大人の指示に従う従順な子どもが「いい子」とほめられます。

その過程で、子どもは「好きなことをやってはいけない」と思い込んでしまいます。

トイレにさえ自由に行くことができず、我慢してしまう子は少なくありません。

こうした環境で育った子どもは、いざ就職活動に突入しても、どんな仕事に就いたらいいのかわからず、途方に暮れます。

社会に出てからも、いわゆる「指示待ち」で、自ら新しいモノや価値観を生み出すことはできません。

管理型教育の一方で、子どもたちは「これからの時代は個性が大事」といわれます。しかし、指示待ちの姿勢がしみついてしまった子どもたちは、自分の個性が何か、自分が好きなこと、得意なことは何かわからず、右往左往する結果となります。

いまさら、好きなことをして個性を活かしなさいといわれても、その個性を封じ込められてきたので、どうしたらいいかわからないのです。

私の娘はアメリカの大学に留学したとき、さまざまな場面で「自分の考えを求められる」ことに面食らったそうです。アメリカのようにさまざまな国籍の人が集まる場では、自己主張しなければ自分の居場所を見つけることができません。

日本では自分の意見を主張しすぎると浮いてしまいます。娘は幼稚園までモンテッソーリ教育を受けていましたが、そのあとは一般的な教育に慣れていたので、留学からまもなくは、とっさに自分の意見がいえなかったそうです。

これから日本でも自分の意見を主張することが求められるようになるでしょう。

集中できる環境が才能を引き出す

子どもたちは、これから長い人生を生きることになります。

100年時代を力強く生きるために親が子どもにしてあげられることは、**赤ちゃんの頃から好きなことに夢中になれる環境をつくってあげることです。**

赤ちゃんであっても、何かに集中することによって自らの才能を存分に使うことができ、心が満たされます。

何かをやり切ったという成功経験は自信につながります。

こうした環境で育った子どもは自信がつき、大人になってからも自己肯定感の高い人間になれます。落ち込むことがあっても、立ち直りも早くなるのです。

一方、「これをしたらダメ」「あれをしなさい」と親に言われる環境で育ってきた人は、自己肯定感が低くなり、人生で一度つまずくとなかなかリカバリーがききません。

こういう環境で育った子が、ひきこもりやニートになってしまうのかもしれません。

私の娘も幼稚園でモンテッソーリ教育を受けましたが、その頃の小さな成功体験が彼女の人生を生きていくうえでの土台となり、チャレンジする原動力になっているのではないか、と感じることがあります。

娘はいま舞台女優になるという夢に向かって走り続けています。舞台の本場であるニューヨークでもミュージカルに出演していました、こうした彼女のチャレンジ精神を支える自信が培われたのは、幼少期の教育にあったと考えています。

「自分の頭で考える力」を養う

AI（人工知能）の発達によって、近い将来、多くの仕事がコンピュータに取って代わられます。また、インターネットなどのIT技術もさらに発展していくことでしょう。10年先、世界がどうなっているのか、想像するのも簡単ではない時代です。

いまの子どもたちは、そんな時代を生き抜いていく必要があります。もちろん、受験勉強の重要度はすぐには変わらないでしょうが、これまで通り知識を詰め込む勉強法にどれだけの価値があるのでしょうか。暗記しなければならない知識は、インターネットで調べれば、すぐに答えが出てきます。

ＡＩやＩＴ技術がますます発達する将来、人間に求められる能力は、たくさんの知識を詰め込むことではありません。

「こうすれば問題が解決できる」「こういう発想もできるのではないか」と、自分の頭で考える力です。

めまぐるしく変わる時代に合わせて、柔軟な発想ができる人が社会から必要とされるのではないでしょうか。

また、人生１００年時代に突入しつつあるいま、ひとつのことをやり続けて人生をまっとうできる人はほとんどいないでしょう。**ますます自分の頭で考え、その時代に合わせた発想をしていく必要に迫られるはずです。**

そんなとき、誰かの指示を待っているだけでは、豊かな人生を送ることはむずかしくなると予測できます。

教育熱心な親が子どものやる気を奪う

能力を身につける時期は子ども自身が決める

親は子どもの成長を見守り、サポートすることが大切とはいえ、実際、親の立場になると、「この月齢では、ここまでできないといけない」「他の子よりも先取りして覚えさせたい」などと気が急くものです。

教育熱心な親御さんほど、子どもの発達段階を二の次にしてしまう傾向があります。たとえば、小学校受験をさせるために、朝からドリルをやらせたり、静かにイスに座らせるトレーニングをしたりする親御さんもいます。

子どもは親が「やりなさい」というから指示通りに動くかもしれませんが、じっと我慢している可能性もあるのです。

イヤイヤ取り組んだことは身につきませんし、苦痛でしかありません。

子どもは自分の能力をわかっています。いま必要なことだと思えば、自分から積極的に手を出します。

逆に、「いまではない」と判断したものには、関心を示しません。その状態で無理やりやらせても非効率なうえ、その行為に嫌悪感を持つ恐れもあります。

その能力を身につけるかどうかを決めるのは、子ども自身です。能力を身につける時期が来れば、自分から手を伸ばし、集中して取り組みます。

子どもの可能性を広げるという意味では、親がいろいろとやらせてみることは必要ですが、子どもが興味を持たないことは、「いまはその時期ではない」と判断して、別のことをやらせたほうがいいでしょう。

生後4カ月で「うんてい」にぶら下がれる理由

では、その時期は、いつやってくるのでしょうか。

たとえば、子どもが夢中になってひとつのおもちゃで遊んでいるときは、「その動きを通じてある能力を身につけたい」という本能が働いています。

人間は発達の段階に応じて、必要な能力を順々に身につけていくようにプログラミングされて生まれてくるのです。

手を握る行為もそのひとつ。生まれたばかりの赤ちゃんには、母親のお腹の外でもしっかりと生き抜くことができるよう「原始反射」（生まれつき備わっている反射機能）というものが備わっています。「把握《はあく》反射」も原始反射のひとつ。お母さんが赤ちゃんの手に触れると、赤ちゃんがギュッと握り返すのが把握反射です。

モノを握る力は生きていくうえでとても重要な能力ですから、幼いうちから身につけられるようプログラミングされているのです。

しかし、この把握反射にも旬の時期があり、6カ月を過ぎると自然に把握反射はなくなっていきます。

生後6カ月以内に手を握るという行為を十分に体験できた子どもは、「握る」という能力が伸びます。なかには、母親の親指につかまった状態でぶら下がれるほど、握る力が発達する乳幼児もいます（赤ちゃんが突然指を離すこともあるので、実際に試すときは安全な場所でしましょう）。

私のベビースクールに通っていた生徒さんの中には、生後4カ月でうんていにぶら下がれる子もいました。ちなみに、水泳で世界を舞台に活躍している池《いけ》江《え》璃《り》花《か》子《こ》選手も、幼いころからうんていで遊んでいたそうです。

「握る」という能力を十分使いきると「離す」ことができるようになります。

いまの子どもは「握る」能力を使いきっていないため、手のひらをうまく開くことができず、ハイハイのときに手を握ったままの様子もよく見られます。

反対に、手を握るという経験をあまりしなかった子は、相対的に「握る」という能力が十分に身につかないまま成長していくことになります。

そうすると、鉄棒やうんていが苦手になるだけでなく、スポーツや日常生活でも不便を強いられるケースが出てきます。

あとで詳しく説明しますが、子どものいろいろな才能を引き出すには、それぞれに旬な時期があります。

旬の時期に必要な環境を用意することが、親の大事な役割なのです。

「三つ子の魂百まで」は科学的にも正しい

3歳までに「脳の土台」ができあがる

小さい頃から遊びなどを通じて、さまざまな経験をさせることは、脳科学的にも有益であることがわかってきています。

赤ちゃんは生まれつき、大脳に140億もの神経細胞をもっています。この神経回路が数多くつながっているほうが、そうでない場合よりも、脳の機能を有効に使えるということになるのです。

この神経細胞は、新しいことを学んだり体験したりするたびにつながり、新しいネットワークをつくっていくように生まれつきプログラミングされているのです。

ところが、脳科学的にはだいたい3歳を過ぎる頃になると、刺激を与えても神経細胞がつながりにくくなると言われています。

また、脳の神経細胞は誕生した瞬間がいちばん多くて、そのあとは減っていくのみです。生き残る神経細胞は30％程度で、その後、大人になってもその30％は変化しません。3歳までに残った神経細胞で一生を過ごすことになるのです。

ということは、3歳までに脳の土台ができあがり、一生をその脳で過ごすことになります。

脳の潜在能力を最大限に引き出すには、神経細胞をあらゆる分野から刺激して、細胞同士をつなぎ合わせ、より多くのネットワークをつくっていくことが必要です。

私たち人間は、神経細胞にアプローチすることではじめて、神経回路がつながっていき、その能力が獲得されていきます。脳内に神経回路の網目をたくさんつくることができれば、それだけの能力を引き出すことができるのです。

ただ、3歳を過ぎているからといって悲観することはありません。

神経細胞のネットワークがつくられる第1次のピークは0〜2歳、次が3〜5歳だという研究もありますし、遅くとも小学校入学前の6歳くらいまでにある程度の経験をしておけば、十分取り戻せるといわれています。

得手不得手は幼少期の体験で決まる

この時期までにさまざまな遊びや運動などたくさんの経験をし、能力を引き出す土台ができあがっている子は、**大きくなってから何か新しいことを始めたときに、短時間でコツをつかみ、マスターすることができます。**

3歳までに心地よい音楽に触れて育つと、聴覚に関係する神経細胞が発達するといわれています。聴覚が発達すれば、言葉を聞き分ける能力が身につき、言語能力が発達します。

また、絶対音感などの才能も3歳までの経験によって身につくといわれています。

この時期良質な音楽に触れて育ってきた人は、そうでない人に比べ、大きくなってからピアノを始めたとき早く上達します。つまり、土台ができているから、短い時間で上達するのです。
私自身、小さい頃から父がいつもモーツァルトを聞いていたからでしょうか、大人になってからも音楽が好きで、これまで苦に感じたことはありません。いまになって振り返れば、幼少期の音楽体験が大人になってからプラスの効果を発揮したのだと思っています。

反対に、この時期までに使われなかった神経細胞は淘汰されていき、それらの神経細胞を使う分野は苦手になってしまいます。「三つ子の魂百まで」といわれますが、脳科学の面からも真理をついていることわざだといえるでしょう。

小さい頃にさまざまな体験をさせることは、言い方を変えれば、「地頭力」を鍛えることだといってもいいかもしれません。

小さい頃の経験で脳神経細胞がたくさんつながることによって、大きくなってから自分の頭で考えたり、問題解決力が身についたりするのではないでしょうか。

Chapter 1

一生の土台をつくる「敏感期」

》「敏感期」は才能を引き出す大切な時期

子どもの成長過程では、「この時期に、この能力が発達する」という旬の時期があります。

モンテッソーリ教育では、この時期のことを「敏感期」と呼んでいます。

年齢的には6歳までが敏感期とされ、特に将来の人格や人生の土台となるような発達の敏感期は、3歳までに最も強くあらわれるといわれています。

先ほど述べた脳の神経細胞のネットワークがつながっていく時期と重なっているのは、けっして偶然ではないでしょう。

敏感期は、生物学者のデ・フリースによって発見されました。もともと生物が生まれながらにして持つ能力を発揮する、ある限られた時期のことを言います。

モンテッソーリ教育では、この敏感期が、人間にも当てはまると考えます。

子どもには発達する〝旬〟の時期が生まれながらにインプットされているというのです。

つまり、**赤ちゃんが生まれながらに備えられた能力を発揮するための適切な時期がある**、ということ。

たとえば、赤ちゃんの「つまむ」「引っ張る」といった基本的な能力も、適切な時期にその環境を与えることによって豊かに発達すると考えるのです。

では、子どもたちはどのようにして敏感期にもともと持っている能力を引き出し、伸ばそうとするのでしょうか。

ひとつは、ふだんの遊びを通じてです。さまざまな遊びを通じて、体の動かし方や人とのコミュニケーション能力などを学んでいきます。

たとえば、ひもを引っ張り出して遊ぶようなおもちゃは、ひもをつまんだり、引っ張り出したりする手の能力を育てます。音が鳴るようなおもちゃを使って、親といっしょに歌ったり、リズムをとったりすることで、コミュニケーション力や表現力を身につけていきます。

また、先述したように、3歳までにさまざまな遊びや経験をすると、脳の神経細胞のネットワークがつながり、脳の潜在能力を引き出してくれます。この脳の神経細胞がつながる時期と敏感期は重なることから、さまざまな遊びを体験することで子どもの脳は発達していきます。

子どもは遊びやおもちゃを通じて成長したいと切に願っています。赤ちゃんが泣く理由には「お腹が空いた」「眠い」「おむつを替えてほしい」「さびしい」などいろいろありますが、**実は「もっと遊びたい」という理由で泣くことも少なくありません。**おもちゃを取り上げると、赤ちゃんが泣くことがあります。このとき実は、おもちゃに没頭して能力を伸ばしたいと思っているケースがよくあるのです。

実際、理由がわからずに泣いている赤ちゃんにおもちゃを与えると、ピタリと泣きやみ、遊びに集中することが少なくありません。「赤ちゃんが泣いたら、とりあえず抱っこをする」という親は多いと思います。育児書にもそう書いてありますから。**しかし、本当はもっと遊びたくて泣いているのかもしれません。**

この敏感期に、赤ちゃんに見られる顕著な傾向が、あとで詳しく述べる「フロー（深い集中）状態」です。

おもちゃを手にとって一人黙々と集中し、何度も同じ作業を繰り返す。そして、満足したら満面の笑みを浮かべる……子どもにこのようなフロー状態が見られたら、敏感期なんだなと理解し、それに集中できるようサポートをしてあげてください。

「運動」の敏感期

子どもには「この時期に、この能力が発達する」という旬の時期が生まれながらにインプットされています。このような敏感期には「運動」「感覚」「言語」「秩序」などいくつか種類がありますが、ここでは代表的なものを3つ挙げておきましょう。

これらの敏感期を理解して子どもと接していると、一見理解しがたい子どもの行動の理由がわかるうえに、必要な能力を伸ばしてあげることができます。

ひとつめは**「運動」の敏感期。**赤ちゃんは手足をばたつかせたり、しきりに手指を動かしたりするなど、誕生した瞬間から「運動」を学んでいきます。

つまり、**生まれたばかりの0歳から6歳まで、運動の敏感期は続くのです。**

赤ちゃんにとっての「運動」とは、具体的には、立つ、座る、運ぶなどの動作を指しますが、その動きがしっかりとできていくことが自立へとつながります。

すでにお話しした把握反射も敏感期にあらわれる行動のひとつ。

反射的にギュッとつかむという行為を通じて、強く握る力が身につき、運動能力が向上していきます。

一般的に子どもはずりばい→たかばい→ハイハイ→つかまり立ちの順番で徐々に歩けるようになっていきます。こうした運動を通じて自立するうえで必要な筋力や体幹を鍛えられるように生まれつきプログラムされています。

ですから、その時期が来たら、赤ちゃんは自然とハイハイで移動し始めます。

ところが、最近では核家族化などの理由で、狭い部屋で育つ子どもが増えています。部屋が手狭になる分、自由にハイハイできるスペースが減り、ソファやテーブルなどを使って赤ちゃんがつかまり立ちしやすくなります。

すると、**赤ちゃんはハイハイで十分に筋力や体幹を鍛えられないまま立ち上がり、歩き始めてしまうのです。**

最近、幼稚園に入ってから、まっすぐに立っていられない子や長時間座っていられない子が増えています。壁などに寄りかかったり、座り込んでしまったりするのです。これも運動の敏感期である赤ちゃんの時期に十分に筋力や体幹を鍛えられなかったのが原因だと考えています。

ちなみに、私のベビースクールに通い始めて、さまざまな遊びを経験することによって、昨日までできなかったことが、突然できるようになる……という現象がよく起きています。

先日も、ハイハイとつかまり立ちしかできなかった子が自力で立ち上がり、教室内を歩き回るようになりました。突然の出来事にお母さんもびっくりしていました。

教室でさまざまな運動や遊びを体験するうちに脳の神経細胞がつながり、できることが増えたのでしょう。

さらに、赤ちゃんがあおむけの状態で手足をバタバタと動かすことがあります。これも運動の敏感期にあらわれる行動のひとつで、自分の運動能力を伸ばしたいという意思表示と見ていいでしょう。こういうときは、うつぶせの体勢にして、ズリバイができるようにしてあげる。バタバタと手足を動かしているうちに、少し前に進み、「進んだ！」という達成感を得られます。

こうした成功体験をすることで、運動能力が発達しやすくなり、大きくなってから体力の差になってあらわれます。

「感覚」の敏感期

感覚の敏感期は、触覚、視覚、聴覚、嗅覚、味覚といった五感が目覚ましく発達していく時期です。

敏感期にある0～3歳の子どもは見事なほどに微妙な違いや、繊細さ、ニュアンス（雰囲気）を感じ取ることができます。

たとえば、「視覚」に関しては、大人が見過ごしてしまいそうな色の濃淡などささいな違いにも気づきます。そのため、感覚の敏感期に24色のクレヨンを与えると、子どもは色彩豊かな絵を描きます。

そういう意味で、私は小さいときから美術館に行って、色彩豊かな芸術に触れることをおすすめしています。

私のスクールに通っているお母さんから、こんなうれしい報告がありました。

「この間、2歳になる子どもといっしょに美術館で絵を見てきました。後日、その美術館のパンフレットを見ていたら、『ママ、この絵この間見たね』というんです。小さな子どもでも、ちゃんといい作品が記憶に刻まれていたことにうれしくなりました」

小さな子どもといっしょに美術館に行くのは少し気が引けるものですが、できるだけ敏感期のうちに、一流の作品を見せてあげられるといいですね。

その経験は必ず子どもの才能を引き出すことにつながります。

「聴覚」の面では、敏感期にいい音楽に触れさせることも大事です。基本的には時代を超えて評価されてきたクラシックなどが最適でしょう。小さい頃から質の高い音楽を聴いていると、音楽の才能を引き出すことができます。

さらに、**聴覚が発達するので、言語を聞き分ける能力が高くなり、外国語の習得もスムーズになります。**

音楽だけでなく、ペットボトルの中にビーズや米などいろいろなものを入れて、その音を聞かせるなど、親ができることはたくさんあります。

また、「嗅覚」の面でも、感覚の敏感期にさまざまな匂いをかがせることも大切です。外に散歩に行って風や花の匂いを感じさせる。料理のときに野菜やフルーツの香りをかがせてもいいでしょう。

触覚の面でも、外を散歩しているときに、子どもはさまざまなものに興味を示し、触ろうとします。親の立場からすると、「汚れるから触ってほしくない」「時間がないから早く帰りたい」という気持ちになるかもしれません。場合によっては、「触っちゃダメ！」と叱りつける親もいるでしょう。

しかし、それは親の都合でしかありません。

時間も手間もかかりますが、花や葉っぱを触ったり、土をこねたりするのは子どもにとって感覚を育てる貴重な時間です。時間が許すかぎり、子どもの好奇心につき合ってあげてください。

このように感覚の敏感期に、五感を通じてさまざまな経験をした子は、**感受性が豊かで、表現力のある大人へと成長していきます。**美しい風景や個性的な美術品を目にしたときに、より強く感動できるのは感覚の敏感期にさまざまな経験を通じて、感じる力を伸ばしてきた子どもたちなのです。

「言語」の敏感期

言語の敏感期は、0歳から3歳にあらわれる、言葉を話したくてしかたない時期のこと。世界一難解といわれる日本語を話せるようになるのは、言語の敏感期に日本語にたくさん触れるからです。

逆に、中学生になってから英語の勉強を始めてもなかなか身につかないのは、言語の敏感期に英語に触れてこなかったからともいえます。


赤ちゃんの頃はまだ言葉が話せないので会話が成立しません。だからといって、大人の言葉が聞こえていないわけではありません。まだ話すことはできなくても、理解しようとしています。ある日、突然言葉を話すことができるようになるのも、それまでの言語体験の蓄積があるからです。

言葉が話せなくても、赤ちゃんには積極的に話しかけてあげましょう。

私が見てきた親子でも、**親が積極的に話しかけている赤ちゃんは、言葉を早く話せるようになり、理解が早い傾向にあります。**


電車に乗っているとき、ベビーカーで赤ちゃんを連れたお母さんがスマホをいじっているのをよく見かけます。その最中に、赤ちゃんは車窓の風景を見て、「はっ」と表情が変わる瞬間があります。

こういう場面に遭遇すると、とてももったいないと感じます。子どもにとっては言葉を理解するチャンスだからです。

子どもが飛行機を見ている様子だったら、「飛行機が飛んでいるね」と教えてあげる。たとえ今は言葉が話せなくても、目にした事象と言葉が連動することによって「あれが飛行機だ」と理解しやすくなります。

靴を履くときも「右足から履こうね」「次は左足を履こうね」とその都度言ってあげると、右と左の違いを理解するのが早くなります。

子どもが小さいときは、可愛さのあまり、「○○でちゅね～」などの赤ちゃん言葉を使いたくなりますが、**大人が使う言葉を使ったほうが、言葉の理解は早くなります。**

たとえば犬を見たときに「ワンワンだよ」という人は多いと思いますが、それに付け加える形で「犬だね」といってあげると、言葉と現実の犬とが結びつきやすくなります。

イタズラは成長のサイン

「能力を伸ばしたい」からイタズラをする

「子どもには敏感期があり、今伸ばしたい能力がある」ということを知っておくと、子どものイタズラに対しても見方が変わってきます。

小さな赤ちゃんの子育てをしているお母さんは、ミルクをあげたり、寝かしつけたりするといった世話をするだけでも精一杯かもしれません。余裕がない中、子どもが言うことを聞かずにイタズラをしたりすると、「ダメよ！」「いいかげんにしなさい！」などと声を荒げてしまうこともあるでしょう。

私自身も子育てをしていた頃は、いっぱいいっぱいになって、子どもに怒りをぶつけてしまったこともあります。

しかし、**子どものイタズラは成長のサインです。**

たとえば、ティッシュペーパーを箱から何枚も出してしまう子どもがいます。大人から見れば、困ったイタズラにすぎないので、「やめなさい！」といって止めてしまいます。

子どもからすれば、イタズラをして親を困らせようと思ってそんな行動をとっているわけではありません。

ティッシュを引き出すという行為を通じて、本能的に「引っ張り出す」という能力を伸ばしたいと思っているだけ。子どもの発達のために必要なことなのです。

その子を止めずに好きにさせていると、ある時点で満足した顔をして、ティッシュペーパーを引っ張り出すことをやめます。そして、二度とそのような行為をしないようになることが多いのです。

というのも、子どもはその行為をやりきり、満足したからです。引っ張り出すという能力を思う存分に使うことができた子どもは、また別の能力を使うことに関心が向きます。

一方、ティシュペーパーを引き出す行為を毎回、親に止められてしまう子どもは、不完全燃焼なので、何度も同じ〝イタズラ〟をしようとします。そのたびに、親は「何度いえばわかるの！」とさらにイライラし、悪循環に陥っていきます。

そんなふうに育てられると、大きくなってからも大人との関係性が悪く、精神的にも不安定な子どもになってしまいます。

イタズラは親にとって都合の悪いことばかりかもしれません。しかし、子どもは自分の能力を引き出すために夢中になっているだけです。

イタズラを見守るスタンスを続けていくと、いわゆるヤンチャな子に育つ可能性もあります。

その代わり、エネルギーのあふれる子に育ち、大きくなってからも乳幼児期に育んだ能力をいかんなく発揮してくれます。

また、こういうタイプの子は、**親に受け入れてもらえたという安心感から、成長するにつれてまわりの人との関係性がよくなり、精神的にも落ち着いていくものです。**

親にも精神的余裕が生まれる

「イタズラを通じて子どもは成長している」ということを理解していれば、親もイライラしませんし、子どもも気持ちよく能力を発揮することができます。

もしティッシュペーパーを全部出されてしまうのが困るのであれば、代わりの遊びを提供するという方法もあります。

たとえば、家にあるもので「引っ張り出す」能力を引き出すようなおもちゃをつくってしまうのです。

ハンカチを使って、子どもと綱引きのような遊びをしてもいいでしょう。

子どもが「何でもかんでも投げてしまう」ことに悩んでいるなら、「投げる」という能力を使いたがっている時期なのかもしれません。そのときは、投げても問題のないボールなどを投げさせてもいいでしょう。

「イタズラは成長のサイン」であることを知ると、これまでイタズラだと思っていたことも、「まあ、いいか。やらせてみよう」と余裕が生まれます。

それどころか、**イタズラに夢中になっている子を見て、「集中している！　成長したがっているんだわ」「この子なりにいろいろと考えて、こういう行動をとっているのね」「思う存分させてあげたい」と前向きにとらえることができます。**

そして、子どもを応援し、集中するような遊びを積極的に探すようになります。

何より、**これまでイタズラだと思っていたものが、子どもの成長のサインだと考え方が１８０度変わることで、子育てが楽しくなる**のです。

「9つの知能」で世界に通用する才能が開花する

どんな子どもも
豊かな才能を持って生まれてきます。
子どもの才能を見逃さず、
引き出すためには
多角的な視点を持つことが大切です。

「9つの知能」で隠れた子どもの能力を発見する

IQだけで子どもの能力は測れない

子どもの「知能」というと、「IQ（知能指数）」を思い浮かべる人が多いかもしれません。

たしかにIQは知能を測る指標のひとつにはなりますが、これだけで無限の可能性を持つ人間の能力を測ることはできません。人間の能力は多様です。

IQの数値が高くなくても、活躍する人はたくさんいます。

私はこれまで数多くの子どもと接してきましたが、「この子には、こんなすばらしい才能があったのね！」と子どもの能力の多彩さに驚かされたことは少なくありません。だからこそ、**子どもの能力は、ひとつの側面だけではなく、多角的な視点からとらえ、伸ばしてあげる必要がある**と考えるようになりました。

そこで、私がベビースクールや保育園を運営するにあたり、モンテッソーリ教育とともに重視しているのが**「多重知能理論」**です。

多重知能理論とは、ハーバード大学のハワード・ガードナー教授が提唱しているものので、人間には8つの知能があるという考えです。長所や短所が個人によって違うように、人によってある知能が高かったり、ある知能が低かったりするという考え方です。

将棋の藤井聡太さんも野球の大谷翔平選手も、ともにすぐれた能力を発揮していますが、2人をIQなどのひとつのモノサシを基準に比較してもあまり意味がありません。それぞれの分野で異なる知能を活かして超一流の成果を出しているのですから。

多重知能理論では、人間は8つの知能（言語的知能、論理数学的知能、空間的知能、身体運動的知能、音楽的知能、対人的知能、内省的知能、博物的知能）を持つとし

「９つの知能」から子どもの才能を発見しよう

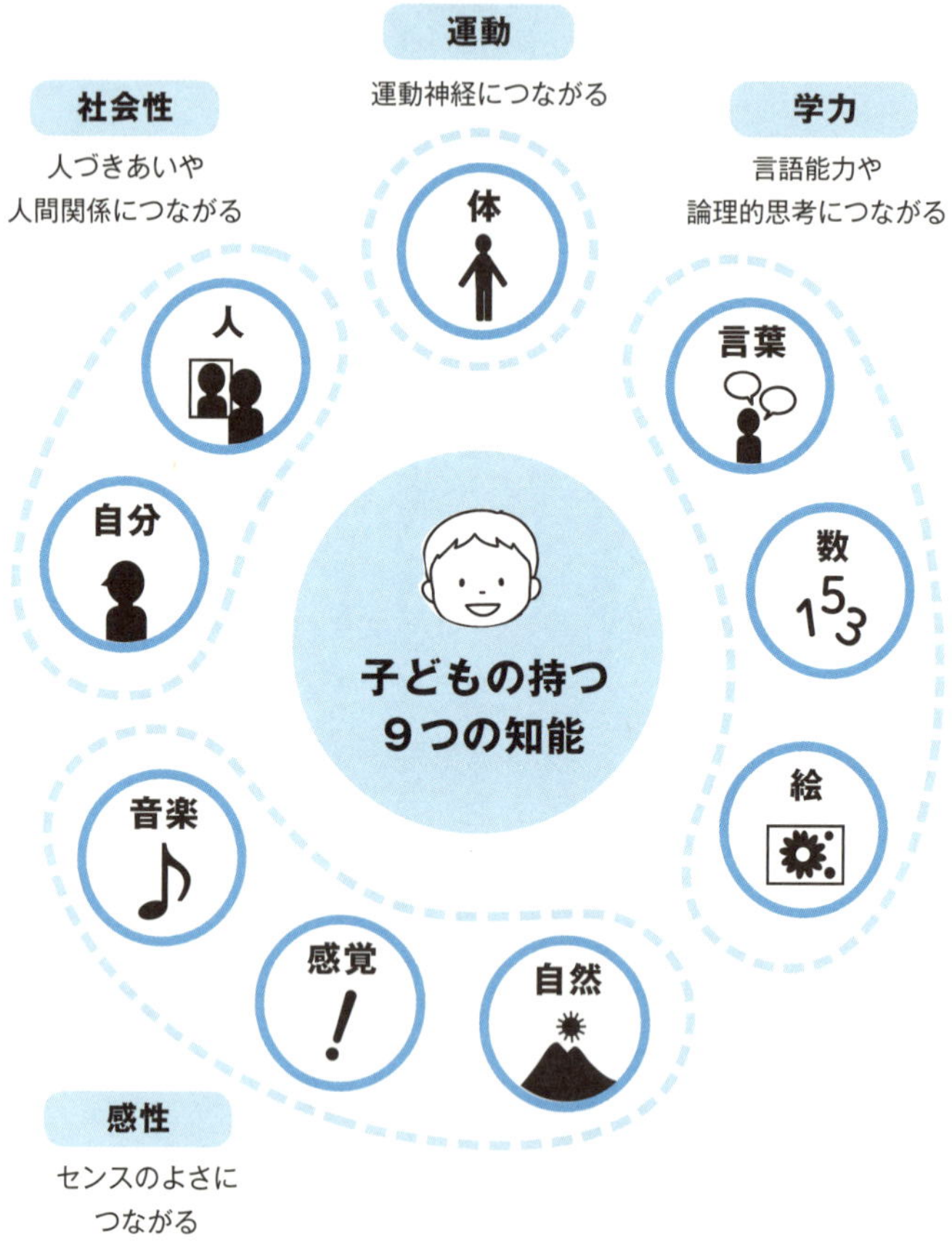

子どもの持つさまざまな知能から、
誰にも負けない才能を育てていこう。

ていますが、私は乳幼児教育の経験を踏まえ、日本人向けに独自にアレンジした**「9つの知能」**で子どもを観察することを推奨しています。

気づいていない才能を「見える化」する

どんな人でも生まれてきたときから、これら9つの多彩な知能を備えています。

オリンピックでメダルを獲得するような選手は「体」に関する知能が、音楽の世界で名を馳せるアーティストは、「音楽」に関する知能が傑出しているのはたしかです。

でも、彼らももともとは、そのほかの知能も持ち合わせていたはずなのです。

特定の知能が傑出するのは、それらの知能が磨かれやすい環境だったからです。

運動が得意な両親のもとで運動が好きな子どもが育ち、音楽一家の家庭で楽器演奏などの才能を発揮する子どもが育つのは、両親が提供する環境の影響が大きいのです。

逆に、音楽を聴く習慣のない家庭で育った子どもは、音楽に興味をもったり、楽器演奏をしたりする機会が少ないのは容易に想像がつきます。

いわゆる英才教育とは、ある意味、ひとつ（あるいは2〜3つ）の知能に絞って集

中的に才能を伸ばす方法だといえます。

一方、「特別な才能がない」と嘆いている人でも、生まれたときから9つの知能を備えているはずです。自分の才能に気づいていないだけ、あるいはそれを引き出す環境がなかっただけかもしれません。

多重知能理論がすばらしいのは、子どもが潜在的に持っているけれど、まわりの大人が気づいていない能力を「見える化」させられる点にあります。

たとえば、運動が苦手で目立たないタイプだけれど、他人を思いやる心が誰よりもあって、まわりから愛されている子。

いつも1人でいることが多いけれど、クレヨンと紙を与えると夢中になって、色彩豊かな絵を描き上げる子。

室内ではつまらなそうだけれど、外に出ると誰も気づかないような自然の変化に気づける子……。

このように、親や大人が9つの視点から子どもの知能を観察していると、「こんな才能があるのね」と気づいてあげられます。

「いうことをきかない」「いつも1人でいて口数が少ない」など、いわゆる〝困った子〟も、つぶさに観察していると、必ず何かしら評価できる点を見つけることができます。

たとえば、画用紙以外の場所にも絵を描いてしまう子どもに対して叱っていたお母さんも、「この子は『絵』の知能を使いたがっているのね」と前向きにとらえることができます。**親自身の子どもの見方が変わるので、これまでの〝困った行動〟も、ポジティブに対応できるのです。**

私のベビースクールに通っているお母さんたちも、9つの視点を持つことの大切さを知ると、「この子は、こういう能力を伸ばしたいのね」「こんな遊びをしたら、この能力が発達するかな」と考えるようになり、子どもと過ごす時間を積極的に楽しめるようになります。

子どもの行動やイタズラに怒ることやイライラすることが減った、というお母さんも少なくありません。

9つの知能をバランスよく育てる大切さ

先述したように、9つの知能は、誰もが生まれつき備えています。

しかし、どの知能がどの程度伸びるかは、生まれてからの経験によって個人差が生じます。**敏感期である乳幼児期に、どんな遊びや体験をするかによって、発達する知能が異なるのです。**

もちろん、家庭の教育方針はそれぞれですから、英才教育のように特定の能力を集中的に伸ばすことについて、肯定も否定もするつもりはありません。

ただ、これまで数多くの子どもたちと接してきた経験を踏まえていえば、乳幼児期は特定の能力だけではなく、バランスよく9つの知能を育てることをおすすめします。

お父さん、お母さんには、そのサポートをしてほしいと考えています。

具体的には、乳幼児期に子どもがフロー状態になる遊びや体験をさせることによって、脳の神経細胞がつながっていき、さまざまな才能を引き出すことができます。

作業に集中し達成感を味わうことによって、それぞれの能力は強化されていきます。**本能的に子どもが伸ばしたいと思っている能力を思う存分に発揮できる環境をつくってあげることが大切です。**

ただ、そのバランスには注意してください。

ひとつの知能だけでなく、複数の知能を育てるような遊びや体験をすることによって、どんな時代でも輝くことができる応用力を身につけることが可能です。

Chapter1でも述べましたが、子どもたちが生きていくこれからの日本は、人生100年時代、ＡＩ技術の発達など、急速に環境が変化していきます。そんな先行き不透明な時代では、いまの職業がなくなってもおかしくありません。

そうした激変の時代でもたくましく生きていくには、さまざまな能力を兼ね備え、いつでもそれを発揮できるようにしておく必要があります。

場合によっては複数の能力を組み合わせて、新しい仕事を生み出すような創造力や発想力が問われる機会も増えてくるでしょう。

その点、**乳幼児期に9つの知能をバランスよく鍛えておくと、大きくなったとき、どんな環境にも対応できる「土台」ができあがっているので安心です。**

バランスよく知能を育てておくと、自分の目指したい道が見つかったときには、苦手意識を抱くことなくパッと集中して勉強や仕事に取り組むことができますし、複数のジャンルを組み合わせて新しいビジネスを生み出し、起業することができるかもしれません。

将来、子どもがどんな分野に進んだとしても、何でも挑戦してみる力や集中して取り組む力が身についていれば、その進んだ道で頭角をあらわすことができるはずです。

親が子どもにできることは、**どんな時代、環境になっても才能を発揮できるよう、乳幼児のうちにバランスよく9つの知能の視点から能力を伸ばしてあげること**ではないでしょうか。

次項からは、「9つの知能」について、それぞれの知能の特徴と、それを育てるメリットを説明していきましょう。

❶運動神経のいい子を育てるには？──「体」の知能

ハイハイは運動能力の土台をつくる時期

「体」の知能とは、体全体や身体部位を問題解決や創造のために使う能力のことです。この知能の高低が、運動能力やスポーツの得手不得手にも関係してきます。
いわゆる「運動神経のいい子」はどんなスポーツでも短時間で習得し、そつなくこなすことができますが、このようなタイプは、乳幼児期の経験によって「体」の知能が発達したと考えられます。

「体」の知能を育てるには、身体の発達段階に合わせて、その時期に必要な運動や動作をさせることが必要です。

赤ちゃんが1人で立って歩けるようになるまでの期間は、魚類から人類に至るまでの動物進化の歴史ということができます。

赤ちゃんは5億年にわたる進化の各段階を一つひとつじっくりクリアして、1人の人間として成長できるようにプログラミングされているのです。

生まれたばかりの赤ちゃんは陸に打ち上げられた魚と同じ状態です。お母さんの羊水から抜け出して、肺呼吸を始めます。

しばらくすると、うつぶせの姿勢になり、「ずりばい」（両生類の歩行パターン）を始めます。

さらに、時間がたつと、「ハイハイ」（爬虫類の歩行パターン）を始めます。

その後、赤ちゃんはさらにつかまり立ち、二足歩行ができるようになっていきます。

「体」の知能を育てるために大切なことは、こうした体の発達のプログラムに合わせて、それを強化してあげることです。

成長のスピードを気にしすぎてはいけない

「つかむ」「握る」などの動きをあまりさせないでいると、将来、鉄棒やうんていなど握力を必要とする運動が苦手な子になってしまいます。

　また、ベビーベッドやサークル内にいた時間が長くてずりばいやハイハイなどを十分にする機会がなかった子は、将来的に足腰の筋力が弱いなどのマイナス面があらわれることがあります。

　さらに、バランス感覚も「体」の知能のひとつですが、乳幼児期にそれを育てる機会が少ないと、肩車をしたときなどに揺れに恐怖を覚え、泣き出すことがあります。

「うちの子は、他の子よりも歩き始めるのが遅い」などと成長の速度を心配する親は少なくありません。

　しかし、成長のスピードには個人差がありますし、体の成長プロセスを考えれば、必ずしも早く歩かせることがプラスになるとはかぎりません。

　大事なのは、発達段階に合わせて、それを強化するような運動をさせること。それによって、「体」の知能が発達し、運動に苦手意識を持たない子どもが育ちます。

❷表現力に優れた子を育てるには?——「言葉」の知能

赤ちゃんは「L」と「R」の発音の違いを聞き分ける

「言葉」の知能は、話し言葉や書き言葉を効果的に使いこなす力です。この知能の高低が、コミュニケーション能力に影響を与えます。

赤ちゃんは言葉によるコミュニケーションを十分にとれませんが、生まれたときからすでに父親と母親の声を聞き分けられるといいます。話しかけるとニッコリ笑うのも、両親の声をきちんと聞きとっているからです。

特に乳幼児期の子どもは、音を聞き分ける能力に長《た》けています。

日本人が苦手としている英語の「L」と「R」の発音の違いも、生後8カ月くらいまでに正確な発音を聞かせるようにすると、大きくなってからも明確に区別できるといわれているほどです。

「まだ言葉がわからないから」と決めつけてはいけません。積極的に両親が話しかけることによって、子どもは両親の声を聞き分け、言葉を覚えているのです。まだ言葉を話さない時期でも、できるかぎり話しかけるようにしましょう。

おむつ交換のときも、黙々と作業をするのではなく、「○○ちゃん、おむつ換えようね」「たくさんおしっこ出たねえ」などと声をかけてあげましょう。**赤ちゃんから言葉は返ってきませんが、その声は必ず子どもに届いています。**

ちなみに、赤ちゃんの頃は、「オノマトペ」（擬態語・擬音語）の音が聞き取りやすいと言われています。「ぱっぱっぱっ」「にょきにょき」「にゃんにゃん」といった表現を使ってあげるといいでしょう。

積極的に言葉や音を聞かせていると、将来的に子どもは言語能力が発達し、コミュニケーションを楽しめる子に育ちます。表現力も豊かになり、自分の気持ちをきちんと言葉で伝えられるようにもなります。

その結果、人間関係もよくなり、まわりの信頼も得られるでしょう。

言葉の知能を伸ばすことは、自分らしい豊かな人生を送るためにも必要な能力なのです。

「点」の経験が「線」となり、アウトプットにつながる

言葉にかぎらず、赤ちゃんの頃からさまざまな経験をさせると、子どもはすごい勢いで学び、吸収していきます。一つひとつの経験は「点」にすぎませんが、さまざまな経験をすることで「点」と「点」が結びつき、「線」となっていきます。

たとえば、**小さい頃から言葉をインプットする機会に恵まれていると、それらが結びつき、ある日、突然言葉を話したり、読めたりするようになり、みるみる言語能力が発達していきます。**

言葉でのコミュニケーションがまだままならない時期は、言葉を教えたところで特に反応はありませんが、子どもの脳には確実にインプットされていきます。そのインプットされた数々の「点」がつながって「線」となり、言葉を話す、読むといったアウトプットにつながるイメージです。

個人的には極端な英才教育はおすすめしませんが、学習教材も適度にとりいれることで、子どものインプットの量を増やすことができます。

また、**インプットと同じくらいアウトプット（話す、読む）も大事です。**

「これがまだできないのはまずいのでは……」。子どもによって発達のスピードが異なるとはいえ、まわりの子どもができていることを、自分の子どもができていない場合は親にとって心配でしょう。

たとえば、ひらがなの覚えがまわりの子どもよりも遅れている、というケース。子どもが興味を持たないうちに、ひらがなを教えようとしても、なかなか身につかず、親子ともにストレスがたまります。

そういうときは、子どもが興味のあることと関連づけて教えることをおすすめします。

子どもが昆虫に関心があるなら、フラッシュカードなどに昆虫の絵や写真と一緒に、ひらがなの情報を与えます。

かぶとむしの絵や写真のそばに「かぶとむし」とひらがなで書き、情報を忍び込ませるのです。その場ではひらがなを覚えることはないかもしれませんが、子どもが本物のかぶとむしを目にしたとき、一気に興味を持ち、ひらがなの情報もいっしょに記憶していきます。

受験勉強に代表されるように、日本の教育は暗記などのインプットに重点を置きがちです。

しかし、インプットと同時に、それをアウトプットできる環境をつくらなければ、なかなか記憶として定着しませんし、活きた知識になりません。

だから、子どもに何を教えるときも、インプットさせることも大事ですが、それと同じくらいアウトプットも大切です。**外に出かけていろいろと経験させることによって、インプットされた知識が現実のものに結びつきます。**

インプットとアウトプットは両方とも大切であることを意識しておくと、子どもはさまざまなことに関心を持ち、言葉の吸収力もグンとアップするはずです。

❸ロジカルな子を育てるには？——「数」の知能

文系にも求められる「数」の能力

「数」の知能とは、計算や暗算をしたり、問題を論理的に分析したりする能力のことをいいます。

この知能が高い人は、ロジカルに物事を考えることが得意です。

また、順序立てて考えられるため、整理整頓が上手な人が多いのも特徴といえます。

「数」の知能というと、理系に必要な能力という印象を持つかもしれませんが、**論理的に考えることは文系でも求められますし、将来的には文系と理系の垣根が低くなっていきます。**

小学校でのプログラミングが必修化されたのも、そのあらわれのひとつです。文系・理系を問わず、赤ちゃんの頃から「数」の知能をバランスよく育てる必要があるのです。

「数」の知能を伸ばすためには、生活の中で数字に触れさせることが大切です。

たとえば、公園で拾ってきたドングリの実を並べて、いくつあるかいっしょに数えてみる。

また、「3秒だけ待ってね」「時計の針が10のところに来たら帰ろうね」など時間の感覚を身につけさせることも有効です。

こうして日常生活の中で数の概念に触れることによって、子どもの脳に数の概念が備わっていきます。

数えるだけでは数の概念は理解できない

ただし、家庭で数を教えるときには、大事な注意点があります。

それは、**1、2、3（イチ、ニ、サン）と口に出して教えるだけでは、本当の意味で数の概念を理解することはできない**、ということです。

よくお風呂で「イチ、ニ、サン」と口で数えさせることがありますが、それだけではそれぞれの数字がどのような状態を意味しているのか、子どもには明確に認識できないのです。

「数」を教えるには、①数唱（イチ、ニ、サンという呼び方）、②数量（具体的な現実）、③数詞（1、2、3という数字そのもの）の三拍子をそろえないと、子どもは数を理解できません。

たとえば、どんぐりの実物や絵を見せると同時に、数字を見せながら「どんぐりがイチ、ニ、サン」と発音がするのが、いちばん効果的なのです。

なお、数の感覚を磨けるような教材を使ってもいいでしょう。合計100個の玉が並んでいる「100玉そろばん」は、私のベビースクールや保育園でも人気の教材です。

子どもが楽しみながら学べる教材を選んであげてください。

❹クリエイティブな子を育てるには？――「絵」の知能

≫積み木や折り紙が空間認識力を高める

「絵」の知能とは、視覚的に空間のパターンを認識する能力のことです。絵、色、線、形、距離に敏感に反応できたり、イメージできたりします。

いわゆる「空間認識力」も、この知能が大きく関係しています。

特に、デザイナー、建築家、画家などクリエイティブな職業に就いている人は、「絵」の知能が高いと考えられます。

赤ちゃんに何か新しいモノを与えると、手に持って何度もひっくり返すような仕草をすることがあります。これは、モノを回転させることによって、どんな形をしているのか観察しているといわれています。本能的にモノを平面ではなく立体でとらえ、空間認識力を鍛えようとしているのでしょう。

さまざまな角度からとらえられる空間認識力が発達することによって、平面図を見て立体を想像したり、ボールを投げたりつかんだり、地図を見て行き先を把握したりできるようになります。図形問題なども得意になるでしょう。

こうした空間認識力を伸ばすには、積み木や折り紙などが最適です。

実際にさまざまな形の積み木を手でつかみ、積み上げていくことによって立体でとらえる能力が培われていきます。折り紙も、紙という平面から立体のモノをつくりあげていく過程で、空間認識力が高まっていきます。

最近気になることは、iPadなどのタブレット上でしか積み木を経験したことがない子どもが増えていることです。とても便利で、子どもも夢中になりやすいかもしれませんが、やはり実物の積み木と違って肝心の空間認識力が身につきません。

また、「絵」の知能を伸ばすには、**美術館などで一流の絵画作品やデザイン、彫刻**

などに触れることも大切です。

色づかいや構図、線の強弱などを実際に目にすることによって、子どもは大人がびっくりするほどたくさんのことを吸収していきます。

「絵」の知能は人間関係力も高める

「絵」の知能は人間関係とも無縁ではありません。

赤ちゃんは生まれてすぐに、空間を認識し始めます。出生直後の赤ちゃんの視力は非常に弱く、成人の視力の約30分の1といわれています。この視力だと、30㎝先が見える程度ですが、これは授乳時に母親とちょうど目を合わせられる距離にあたります。

赤ちゃんは、生まれた直後から落ち着く距離感を学んでいるのです。

こうしてほどよい距離感を学習した子どもは、大きくなってからも人との距離感を上手にとれるといわれています。

「絵」の知能（空間認識力）を高めることは、人との距離感を測ることに活かされ、コミュニケーション力や人間関係にもプラスの効果をもたらすのです。

⑤「感じる心」が豊かな子を育てるには？――「自然」の知能

自然の小さな変化を五感で楽しむ

「自然」の知能とは、自然や人工物の種類を識別する能力のことです。自然は変化に富み、表情豊かです。名前もついていないような小さな山でも、花や木々が四季によってさまざまな表情を見せてくれます。

こうした自然に触れることによって、感性やセンスが磨かれます。

敏感期の子どもは好奇心旺盛なので、自然の小さな変化や違いにもよく気づきます。

たとえば、私のベビースクールに通っているお子さんは、イチョウの葉を拾うことに夢中になっていたとき、葉の形が2種類あることに気づき、お母さんに報告しました。ここではじめて、お母さんはイチョウの葉は雄株と雌株で形が異なるということを知りました（ただ、実は葉の形で見分けられるというのは俗説で、本当は花の形で見分けられるそうです）。

実際に、自然を五感で楽しみ、じっくりと観察することで、子どもたちはさまざまな発見をし、刺激を受けます。**そうした体験を積み重ねることによって、「感じる心」が磨かれていきます。**

大人になってから美しい風景を実際に見たり、写真で見たりしたとき、「ウワーッ」と心の底から感動する人がいる一方で、同じ風景を見てもあまり感動しない人もいます。こうした差は、「感じる心」の違いから生まれます。

もっといえば、乳幼児期に、「自然」の知能を伸ばしてきたかどうかの違いだと考えられます。

「自然」の知能が発達している人は、「今日の雲は、ユニークな形だね」「今日は月が明るいね」「雨の降りそうな匂いがする」といった言葉が自然に出てきます。「普通の人が見えないものを感じる力」があります。

アリの行列や落ち葉が感性を育む

「自然」の知能を伸ばすには、**敏感期である乳幼児期に、できるだけ多くの自然に触れさせ、知的欲求を満たしてあげることが大切です。**

散歩中に子どもが「アリさんだっ！」といって、アリの行列に夢中になったら、できるだけ付き合ってあげる。道に落ち葉を踏んで「カサカサ」という音を楽しんだり、落ち葉の微妙な色の違いを子どもと観察したりしてもいいでしょう。

自然のすばらしさを子どもと一緒に楽しむ。そんな気持ちで外に出かけてみてください。

「外に出ると、おもちゃ屋さんに行かなくても、たくさん遊ぶものが見つかりますね。私も『自然ってこんなに美しくて、不思議なものだったんだ！』と改めて気づかされました」などの感想をスクールの親御さんからもらうこともあります。

自然は遊びの宝庫。ありふれた景色にすぎなかった木々や花も、見方を変えるとまったく違うものに見えてくるはずです。

⑥センスのある子を育てるには？——「感覚」の知能

センスや表現力は先天的な才能ではない

「感覚」の知能は、五感を駆使して、さまざまな情報を敏感に受け取れる能力のことです。この知能だけは多重知能理論の中に該当する項目はなく、私がオリジナルで付け加えたものです（多重知能理論の他の知能と重複する部分は存在します）。

これまでの私の経験から、五感でさまざまなことを感じ取る体験をしてきた子どもほど、**センスがよく、表現力が豊かな大人に成長する傾向があると強く感じています。**

ほんの一例ですが、絵を描くときの色の組み合わせがユニークだったり、服を選ぶセンスなども優れていたりするものです。

いわゆる「センス」というものは、生まれつきのものというイメージがあるかもしれませんが、私は乳幼児期からの経験、つまり五感でいろいろな情報を感じとってきた体験から形成されるものだと考えています。

「あの人は何をするにもセンスがあるよね」と評される人は、乳幼児期から五感をフルに使う経験を積み重ねてきたからこそ、まわりの人が一目置くような選択ができるのだと思います。また、「感覚」の能力が秀でている人は、**人の気持ちの変化にも気づきやすく、コミュニケーション力が高いという特徴も見られます。**

では、どうすれば、「感覚」の知能を伸ばすことができるのでしょうか。

五感をひとつずつ分解して見ていきましょう。

美しい絵や音楽に触れる

「視覚」から情報を得るには、さまざまなものを見ることが大きな刺激になります。**外出して自然や風景、人を見たりするのはもちろん、美術館などで本物の芸術に触れたりするのもいいでしょう。**

また、前述したように実物を見ることで、子どもは目の前のものが何であるかを理解します。ですから、絵本などの教材を使うと同時に、実物を見に出かけてみる。たとえば、動物の絵を見せたあとに、実物を見に動物園に出かけると、「これがゾウさんだ！」とイメージと実物が結びついていきます。

「聴覚」は「音楽」の知能とも関連してきますが、耳からさまざまな情報を収集することで、音の大小や音色などの区別がつくようになります。また、ヒアリングの力も発達するので、言語能力もアップしていきます。

「音楽」の知能のところでも述べましたが、乳幼児期はさまざまな音楽、特にクラシックなど一流の曲を聴くことが大切です。

また、**音楽をただ流しておくだけでなく、子どもが能動的に音楽に触れられるように、親子でいっしょに歌う体験もしましょう。**

歌やリズムに合わせて手や体を動かす「手遊び歌」などがおすすめです。

お母さんといっしょに音楽を楽しむことで、聴覚からさまざまな刺激を得ることができます。

味や匂いの違いがわかると食事もおいしくなる

「味覚」からも子どもはさまざまな情報を得ています。

乳幼児に離乳食を与えていると、ときどき口からペッと出すことがあります。これは、お腹いっぱいのサインでもありますが、同時に「これは食べたくない」という子どもの意思表示でもあると考えられます。

「うちの子どもは、新鮮な野菜しか食べないんです」「不思議と冷凍した食材は口から出してしまうんです」といったお母さんの声をよく聞きます。

また、昆布とかつおぶしから出汁をとった離乳食を食べていた子どもが、ファミレスのごはんにはまったく手をつけなかったという話も耳にします。

人工調味料の味に違和感を覚えたのでしょう。

このように小さな子どもといえども、**本物の味をしっかり選ぶことができる**のです。

味の違いに敏感な乳幼児期は、新鮮な野菜など、できるかぎり自然に近い味を口に入れるよう心がけることが大切ではないでしょうか。

「嗅覚」も乳幼児にとっては重要な感覚です。生まれて間もない赤ちゃんは視力が弱いため、「嗅覚」を頼りにします。**赤ちゃんがお母さんに抱っこされると落ち着くのは、お母さんの匂いを嗅いで安心するからだ**と言われています。

乳幼児期にいろいろな匂いを嗅いで刺激を受けることで、大人になってからも匂いからさまざまな情報を得ることができます。

そのためにも、積極的に匂いを感じとれるような機会を、親がつくってあげるとよいでしょう。

たとえば、外に出て、風の匂いを感じてみる。家の窓を開けて、新鮮な空気を入れることを習慣にしてみてもいいでしょう。花や植物の香りをいっしょに嗅いでみるのも効果的。その際、「ローズマリーの匂いだね」「ミントの香りだね」と言葉にすることで、経験と言葉が一致して、子どもはその匂いを認識できるようになります。

身近なところでは、料理や食材の匂いもおすすめ。私の運営する保育園では、わざと調理室の窓を開けておき、「あっ、カレーの匂いがしてきたね」と子どもたちに匂いを嗅がせています。食べ物の匂いが食欲につながるという効果もあります。

料理が上手な人は味覚だけでなく、嗅覚もすぐれているため、大人になってからも役立つ能力で、また、不快な匂いにも敏感になるので、身のまわりを清潔にするようにもなります。

小さい頃、さまざまなモノに触れる大切さ

最後は「触覚」です。

子どもは、とにかくいろいろなモノを手で触りたがります。でこぼこした壁、スカートの裏地、ペットボトル、草花……などなど。子どもたちは実際に手でモノに触れることによって、ザラザラ、ツルツル、熱い冷たいといった情報を得て、自分なりに研究しているのです。また、モノに触れて情報を得ることによって、脳の神経細胞がつながっていきます。

特に都会の子どもたちは、自然に触れる機会が少ないので、虫にほとんど触ること

なく、成長していくケースが少なくありません。

すると、学校の授業の中で「チョウチョウは、卵からかえると、幼虫、さなぎの段階を経て成虫になる」と教わっても、触ったことがないから実感がともなわず、脳にインプットされにくくなります。最近は魚を触ったことのない子どもも多いので、魚料理が苦手という人も少なくありません。

お母さんの中には、「公園の砂場は汚いから遊ばせたくない」という人が一定数います。砂場でさえダメなのですから、泥遊びなどはもってのほかです。

しかし、砂や泥に触ることなく育つと、大人になってもそれらを触ることに抵抗を感じる可能性が高くなります。

もちろん、触れなくても生きていくことはできるでしょうが、それが子どもにとって本当によいことなのか考えてみる必要はあります。

なお、**子どもが興味をもって何かに触っているときは、「ツルツルだね」「ザラザラだね」などと言葉で表現してあげてください。**言葉と感触が一致して、子どもの認識力がアップします。

❼リズム感のある子を育てるには？
――「音楽」の知能

「音痴」も乳幼児の経験が関係している

「音楽」の知能は、音楽の種類やリズム、音程などを識別する能力のことで、この知能が発達していると、作曲や演奏が得意になります。

また、「音楽」の知能が高い人は、聞く力も向上しますから、言葉を扱う能力にも秀でています。

音楽に関する才能は、乳幼児期の環境や体験に大きく左右されると考えられています。

赤ちゃんの頃からさまざまな音楽を聴いていた人は、リズム感が身についているので、大人になってからも歌ったり、演奏したり、踊ったりすることが得意です。

反対に、乳幼児期に「音楽」を楽しむ機会がなかった子どもは、将来、リズム感が悪かったり、音楽に苦手意識をもったりする傾向が強いようです。いわゆる音痴も、乳幼児期の体験が影響していると考えられます。

音楽の才能は人生を豊かにしてくれる

「音楽はあまり得意ではない」というお父さん、お母さんもいるかもしれませんが、そういう家庭こそ、育児に音楽を取り入れて、子どもの「音楽」の知能を伸ばしてあげてください。

音楽の知能を伸ばすといっても難しく考える必要はありません。

朝は落ち着いたクラシックの曲を流し、片づけや掃除をしているときはポップな音楽を流すというように、生活に音楽を取り入れるだけでも身近な存在になります。

曲はお父さん、お母さんにとって心地よいものでもかまいませんが、できることなら長い年月を経て多くの人に聴かれているクラシックの名曲がよいでしょう。

❽コミュニケーション力の高い子を育てるには？――「人」の知能

》「人気者」は仕事も人生もうまくいく

「人」の知能とは、他人の感情や意図、動機、欲求を理解して、他人とうまくやっていく能力のことで、この知能の高低がコミュニケーション力や人間関係の構築に大きく作用します。

幼稚園には、必ず他の子からも慕われる人気者がいます。ある子どもは人と関わるのが大好きで、登園するとカバンを放ったまま玄関で友だちがやってくるのを待っているほど。みんなで何か作業に取り組んでいるときも、絶えず友だちとお話をしているので、先生によく注意されていました。こういうタイプの子は、人に興味があるので、初対面の相手でも臆せずに話ができます。

Chapter 2

こうして小さい頃から他人と関わる経験を重ねてきた子どもは、コミュニケーション力が高いので、大きくなってからも人間関係でトラブルを抱えることが少ない。

それどころか、多くの仲間に囲まれて楽しい時間を過ごしています。

他人とうまく付き合っていく能力は、仕事に就いてからも重要です。

たとえば、営業の仕事は、人に興味を持ち、相手の感情や要望にうまく対応できる人のほうが結果は出ます。

もちろん、他人とあまり関わらずに済む仕事もありますが、組織で働く以上、ある程度のコミュニケーション力は求められます。

また、起業家やフリーランスとして働く場合も、人間関係やコミュニケーション力が仕事につながるケースが少なくありません。いずれにしても、一般的には他人とうまく関わりをもてる人のほうが、結果を出しやすいのは事実です。

だからこそ、子どもには乳幼児期から「人」の知能を伸ばすような体験をさせましょう。具体的には、**同年代の子どもだけでなく、さまざまな年代の人とコミュニケーションをする機会をたくさん持つこと**です。

私自身の話をすると、私はキリスト教の家庭で育ったので、小さい頃から毎週日曜日は教会に出かけていました。教会には小さい子からお年寄りまで老若男女が集まります。

また、実家は両親の仕事柄、お客さんが多くやってくる家庭だったので、お手伝いをしながら多くの人と関わりをもちました。そのため、自然とさまざまな年代の人と話をし、他人と関わることが大好きになっていきました。

自分自身の経験からも、子どもたちはさまざまな年代の人と接点を持ったほうがいいと感じた私は、子どもといっしょに地域のミュージカルサークルに毎週参加することに。両親以外の大人、上級生や下級生と触れ合う経験をしたことで、娘たちは他人と関わりをもつことに苦手意識をもたなくなったように感じます。

老若男女と接する機会をつくる

私の家もそうでしたが、今の日本はどんどん核家族化が進んでいます。平日は同級生や先生といっしょですが、土日は両親としか関わりをもたない子どもも少なくありません。

家庭に閉じこもっていると、子どもは両親の価値観にしか触れられません。それは、子どものためを思えば決して好ましいことではないでしょう。

社会にはさまざまな価値観があります。さまざまな年代の人とコミュニケーションをとることで、多様な価値観を知り、視野を広げることができます。

また、大人との接触が少ないと、子どもは必要以上に大人を恐れるようになってしまいます。

両親以外の世代の人と触れ合うこと機会があると、大人とも臆することなくコミュニケーションがとれるようになります。

「人」の知能を伸ばすのであれば、乳幼児期からさまざまな年代の人が集まる場に参加することをおすすめします。

子どもといっしょに地域のコミュニティーや趣味のサークルに顔を出したり、親子キャンプツアーなどに参加するのもいいでしょう。

おすすめは、親子で海外留学すること。短期間でもいいので、異国の環境で海外の人と触れ合う体験は、子どもの対人関係力に大きなプラス効果を生みます。

もちろん、保育園や幼稚園なども子どもにとっては、「人」の知能を伸ばす絶好の場となります。

入園したばかりの子どもにとって、自分よりもいろいろなことができる年上の子どもは「憧れの存在」です。尊敬のまなざしで見つめ、ぴたっと寄り添うと、そばから離れません。そうすると、年長さんが年少さんに、遊び方を教えてあげます。

このようなコミュニケーションを体験すると、自らが年上の立場になったとき、自分がしてもらったときと同じように、年下の子に接することができます。

しかし、年上の子から何かを教わるという体験をしてこなかった子どもは、年下の子が「教えて！」とやってきても、うまく相手をできなかったり、「なんでこんなことができないの！」と相手を責めたりしてしまうことがあります。

保育園や幼稚園は、人間関係やコミュニケーションを学ぶ絶好の場ととらえることが大切なのです。

❾目標達成力が高い子を育てるには？——「自分」の知能

”問題児”と誤解されることもある

「自分」の知能は、自分自身の長所や短所などを理解したうえで、目標達成や動機づけなどを自律的に行う能力です。

この知能が発達している人は、いわゆる「妄想タイプ」が多く、人の話を聞かずに、頭の中で深く考え、妄想が膨らんでいくようです。

特に、**起業家は、この「自分」の知能が突出しているタイプが多い**とされています。起業家として成功するためには、人から言われたことをこなすだけではダメで、自分自身の頭で起業プランや戦略を考える必要があるからでしょう。

「自分」の知能が発達している子どもは、内省的なのでとらえどころがない印象を持たれることも多々あります。

私が勤めていた幼稚園にも、いわゆる〝問題児〟がいました。ボーッとして行動が遅いので、担任の先生にいつも「○○くん、早くして！」と注意されていました。

先生の間では、「全然思い通りに動いてくれない」「何を考えているかわからない」という評価になっており、特に、担任の先生にはまったく心を開かず、1年間ひと言もしゃべっていない状態でした。

ある日、いつものように1人でボーッとしていたその子をそばで観察していると、彼がぼそっとひとり言を言っているのが聞こえました。近づいて「どうしたの？」と話しかけてみると、「○○ちゃんと○○くんは仲がよくて、○○くんと○○くんはいつもケンカしている」といった情報を教えてくれました。

その男の子は一見、何も考えずボーッとしているように見えたのですが、実は、まわりのことをよく観察して、自分なりにいろいろと分析していたのです。

こういうタイプの子でも、成長するにつれて活発な子になることもよくあります。

みなさんも心当たりがあるかもしれませんが、長い人生では内省的な時期もあれば、活発的な時期もあるものです。

９つの知能がバランスよく伸びていれば、何かのきっかけで違う才能が開花して、性格や好きなことが変化することは十分考えられます。

「自分」の知能が突出している人は、自分勝手で、コミュニケーションが苦手というイメージを持たれがちですが、実際には、その反対のほうが多いもの。

内省的によく考えているので、自分自身を客観的に理解することができ、自分の気持ちをきちんと表現できます。また、自分の感情に敏感である分、他人の気持ちも汲み取ることもでき、人間関係もうまくいきます。

以上、「９つの知能」の概要を説明してきました。

乳幼児期にこれらの知能をバランスよく伸ばすことを心がけると、子どもはどんな環境変化の中でも才能を引き出すことができ、人生も豊かになっていきます。

では、どうすれば、９つの知能を伸ばすことができるのでしょうか。

次章では、知能をぐっと伸ばす集中状態についてお話ししていきましょう。

才能を伸ばす子は「集中力」が違う

才能を開花させる人は
ここぞという場面で「集中力」が働きます。
集中力が発揮できる子と
そうでない子とでは、
将来大きな差がつきます。

「フロー状態」を経験させる

集中力が子どもの才能を引き出す

子どもがおもちゃに夢中になって遊んでいるときは、親が話しかけても耳に入ってきません。真剣な表情で取り組んでいます。

このように集中している状態を、私は「フロー状態に入っている」といっています。「フロー」とは、もともと心理学者のミハイ・チクセントミハイにより提唱された言葉で、「完全にのめり込んでいる状態」という意味です。

子どもが本当に集中しているときは、口から大量によだれが流れ出たり、口をとがらせて作業に没頭したりするものです。

こうしたフロー状態は、先ほど述べた敏感期によく見られる現象でもあります。

実は、子どもが自分の持っている才能を存分に引き出すためには、乳幼児期にどれだけこのようなフロー状態を経験できるかが重要になります。

赤ちゃんがおもちゃで遊んでいるとき、フロー状態に入ることで、その遊びを満足いくまでやり切ることができます。その結果、脳の神経細胞もたくさんつながっていきます。そうした経験は、やりきったという自信となり、将来新しいことに挑戦するときなどに活きてきます。

反対に、フロー状態に入れないままだと、その遊びも中途半端になり、成功体験を得ることができません。その結果、満足感を得られず、集中力も発揮できません。

たとえば、赤ちゃんの頃からフロー状態を十分に体験してきた子どもは、試験前になるとものすごい集中力を発揮して成果を出すことができます。

また、スポーツや音楽など新しいことを始めるときも、他の子よりも覚えが早く、一定レベルの結果を出します。

これはスポーツ選手にもよく見られる傾向ですが、**乳幼児期からフロー状態を数多く経験していると、スイッチの切り替えが上手になります。**ここぞというときにフロー状態のスイッチが入り、高い集中力を発揮できるのです。

次項からは、フロー状態を経験させるために必要なことを述べていきましょう。フローは5つのステップを踏むのが一般的です。

ステップ1：やりたいことをする……子どもの気持ち「やりたい！」
ステップ2：何度もやる……子どもの気持ち「もう一回！」
ステップ3：集中してやる……子どもの気持ち「……（無言になる）」
ステップ4：達成感を味わう……子どもの気持ち「自分でできた！」
ステップ5：満足する……子どもの気持ち「次、何をしよう！」

次から一つひとつ説明していきます。

フロー状態に入る5つのステップ

〈ステップ1〉やりたいことをする

まず大切なことは、「やりたい！」と思えるおもちゃで子どもが遊べるような環境をつくることです。

子どもは本能的に遊びを通じて、自分の能力を引き出したいと思っています。自分が「やりたい！」と思ったおもちゃを手にした子どもは、話しかけても聞こえないくらいの集中力を発揮します。つまり、フロー状態に入りやすくなります。

そのためにも、すぐにおもちゃを取り出して遊べるようにしてあげましょう。

ポイントは、**同じ場所にいつも同じおもちゃを置くこと。**そうすることで、子どもが「やりたい！」と思えるおもちゃを自ら選択することができます。

先ほどは詳しく述べませんでしたが、子どもには秩序の敏感期というものがあります。この時期の子どもは、同じものが同じ場所に常に置かれていることで安心します。**いつも違う場所に置いてあったり、おもちゃの配置がころころ変わったりすると、不安な気持ちになり、好きなおもちゃを自分で選ぶことができません。**

私が運営するスクールや保育園では、部屋の隅におもちゃを収納する棚があり、それぞれのおもちゃを収納する場所が決まっています。

だから、室内に入ってきた子どもたちは「やりたい！」と思ってうずうずしていたおもちゃに向かって一直線。すぐに夢中になって遊び始めます。

〈ステップ2〉何度もやる

おもちゃは箱やカゴにまとめて放り込んでしまう家庭もあるかもしれませんが、**できるかぎり「見せる収納」を心がけましょう。**5段くらいのおもちゃ専用の棚を設置し、同じ場所に同じおもちゃを置くようにするのです。そうすると、子どもはストレスなく、自分が遊びたいおもちゃを選ぶことができます。

箱やカゴにまとめて入れてしまうと、目当てのおもちゃを探し出すのに時間がかかります。大人でもデスク上の書類の山から目当ての書類を見つけ出すのは、ストレスですよね。

また、「しつけが肝心だから」とすぐに親はおもちゃを片づけたくなりますが、赤ちゃんの頃はいつでも遊べる状態にしておくことも大切なことです。

「遊んだらきちんと片づける」ことを教えるのは、意思疎通ができるようになった時期からでも遅くありません。

〈ステップ3〉集中してやる

子どもがフロー状態に入れるように、親がすべきなのは、むやみに話しかけないことです。

子どもは集中しているときは、自分の世界に没頭しています。無言のまま、まわりの声が耳に入らない状態になります。いわゆるフロー状態に入ることによって、自分の能力をどんどん引き出すことができます。

しかも、子どもは一度そのおもちゃを気に入ると、何度も何度も同じことを繰り返します。大人は「よく飽きないなあ」と思うかもしれませんが、それは子どもがやりたいことに集中している証拠です。

また、何事も反復練習が上達の近道ですが、何度も同じことを繰り返すことによって、上手に、速くできるようになります。そうした進歩に子どもは充実感を覚え、さらにのめり込んでいきます。

こういうフロー状態のときは、話しかけて子どもの邪魔をしないようにしましょう。

育児書にはよく「褒めてあげることが大事」と書いてあるので、子どもが遊んでいるときに、多くの親が「よくできたね！」と声をかけてしまいます。もちろん、褒めることは大切であることは否定しませんが、**褒めるタイミングが重要です**。

フロー状態のときに親から話しかけられると、子どもはプツリと集中力が途切れ、遊ぶのをやめてしまいます。つまり、**子どもがやり切る前、満足する前にフロー状態を解かれて、他のものに関心が移ってしまうのです**。これでは、子どもは十分に能力を伸ばすことはできません。

たとえば、子どもが動物の描かれた1枚の絵をじっと見ていたとします。このとき親としては「キリンさんは首が長いわね〜」「ゾウさんは鼻が長いわね〜」などと話しかけたくなります。

しかし、子どもが黙っているときは、自分の想像の世界を楽しんでいるのかもしれません。その証拠に、「キリンさんとサルさんがお友だちになってね〜」などと、あとから子どもが自分の想像したストーリーを話してくれることもあります。子どもなりに自分の頭でいろいろ考えているものなのです。

こうして親が邪魔をせずに考える時間や想像させる時間を与えることは、子どもの将来にとってとても大事なことです。

２０２０年から小学校で「プログラミング教育」が必修化されるのにともなって、早くからプログラミングを学ばせる親も増えているようです。もちろん、ＩＴが発達した社会ではプログラミングは大切なスキルのひとつだと思いますが、あくまでもスキルのひとつという認識をもつことが大切です。プログラミングだけを学んでも、子どもの能力が発揮されるとはかぎりません。

これは私の個人的な意見ですが、プログラミングのスキルを使いこなすには、単に技術的な知識やスキルがあるだけでは不十分だと思います。**重要なのは、プログラミングの知識やスキルを使って、「何を生み出すか」です。**

たとえば、プログラミングでゲームをつくろうと思っても、「こういう主人公が、こんな設定で活躍する」といったストーリーを構築する力がなければ、人を楽しませるゲームはつくれません。

また、新しいウェブサービスをつくろうと思っても、豊かで独創的な発想力が欠けていれば、プログラミングの技術は宝の持ち腐れになってしまうでしょう。

プログラミングにかぎった話ではありませんが、身につけたスキルを活かすには、発想力や想像力といった能力がベースにないといけません。

そうした基礎能力がいちばん磨かれるのが、乳幼児期の体験です。フロー状態に入っている子どもが想像力や発想力を育む時間を、親はそっと見守ってあげる必要があります。**何でもかんでも褒めることは、親の自己満足にすぎないのです。**

≫〈ステップ4〉達成感を味わう

では、子どもがフロー状態に入っているときは、どんなタイミングで話しかければよいのでしょうか。

子どもは全部やりきって満足すると、至福の表情を見せます。そして、笑顔で、「ねえ、見てよ！」というメッセージを送ってきます。達成感からフーッと息を吐くこともあります。そのときはじめて、親は子どもに共感の言葉をかけてあげます。「よかったね！」「よくがんばったね！」と。

つまり、**子どもは親から止められなくても、自分で終わりを決められるのです。**逆に、親から途中で「もうそのくらいにしようね」と半強制的におもちゃをとりあげられると、達成感を味わえず、不機嫌になります。

教室に通っているあるお母さんの例です。

1歳の子どもが、公園で遊んでいるときに「まだ遊びたい！」とばかりに抵抗したそうです。正直「困ったな」とお母さんは思ったそうですが、公園を2周ほど自由に散歩させたら、突然子どもが立ち止まり、大きく息を吐いたそうです。

それを見たお母さんが、「そろそろ帰ろうか」と声をかけると、ぐずることなく帰路についたそうです。

小さな赤ちゃんであっても、自分で決めるという経験はとても大切です。やりきったという達成感や満足感はもちろん、意思を尊重してもらったという信頼感も芽生えます。

こうした達成感や信頼感をたくさん経験してきた子どもは、大きくなってからも性格もおだやかになります。

逆に、いつも親に止められて満足に遊べなかった子どもは、成長しても落ち着きがなかったり、癇癪を起こしやすい、すぐに泣いてしまうといった傾向が見られます。

〈ステップ5〉満足する

子どもは「自分でできた！」という達成感を味わうことによってはじめて満足し「次、何をしよう！」と別の遊びやおもちゃに興味が向かいます。

そして、「集中→満足」というサイクルを何度も繰り返すことによって、子どもの才能は引き出されていくのです。

小さいうちにフローのステップを何度も繰り返した子どもは、成長してからもすぐにフロー状態に入りやすくなります。

いざというときの集中力が違ってくるのです。

進学率が高い公立高校に子どもを通わせている親御さんから、こんな言葉をよく聞きます。

「うちの子は、スイッチが入ったときの集中力がすごい」

集中力のスイッチが入りやすい子どもは、受験勉強でもスポーツでも、すぐにフロ

ー状態に入り、マスターするのも早くなります。

学生時代にかぎらず、社会人になってからも、集中して物事を処理する能力が求められます。

高度で困難な仕事を、スピード感を持ってこなす人が組織でも重宝されるでしょうし、起業・独立するうえでもそうした能力が必要とされます。

集中力の有無が、人生を左右するといっても過言ではありません。

高価なおもちゃでなくても子どもは夢中になる

100円ショップは子どもが喜ぶおもちゃの宝庫

モンテッソーリ教育では、子どもの能力を引き出すさまざまな教具が用意されています。

もちろん、これらの教具を使えれば一定の効果を期待できますが、決して安価な教具ばかりではありません。家計的に大きな負担に感じる人もいるでしょう。

でも、安心してください。

高価なおもちゃでなければ、子どもが夢中になって遊ばないということは決してありません。

たとえば、洗濯ばさみがあればつなげて遊んでみたり、紙があればちぎったり丸めてみたり、空のペットボトルにモノを入れて振ったり、子どもなりに楽しんでいます。小さなお子さんをお持ちの方なら、「こんなものに興味を持つの？」と驚いたことがあるかもしれません。

逆に、高価なおもちゃを買ってきても、興味を持たなかったり、すぐに飽きてしまったりするものです。

特に遊び方が決まっているものはすぐに飽きてしまいます。

たとえば、ボタンを押すと音が鳴るようなおもちゃは、しばらくすると見向きもしなくなることが少なくありません。

身近にあるものでも、工夫しだいで子どもにとっては格好のおもちゃになります。

１００円ショップで購入したもので手づくりしたおもちゃでも、子どもは夢中になります。

どうやって遊ばせたらいいか、どんなおもちゃを買い与えたらいいか悩んでいる親は少なくありません。「身近にあるもので、どんな遊びができるか？」という発想力を持つだけで、さまざまなアイデアが浮かんでくるものです。

私の運営する教室には、身近な材料でつくったおもちゃがたくさん用意されています。お子さんといっしょに私の教室にやってきたお母さんたちは、まわりも見えないくらいに、それらのおもちゃに集中するわが子の姿を目の当たりにすることで、「子どもが喜んで集中してくれるものは何か?」と自ら探し始めます。

すると、最初のうちは「次に、うちの子が集中する遊びは何でしょうか?」と質問してきていたお母さんも、2~3カ月も通っているうちに、お母さんが自分で見つけられるようになります。

たとえば、日焼け止めの容器やふりかけの袋等、すでにおうちにあるものでも音を聞かせることができると発見したお母さんは、スクール生のLINEグループにシェアして喜びを分かち合っています。

家にあるものの中にも、子どもが喜んで夢中になれるおもちゃはゴロゴロ転がっているのです。

子どもは飽きっぽい

子どもを見ていると、本当に飽きっぽいと感じます。

たとえば、音楽が流れ、かわいいおもちゃがくるくると回るベッドメリー。赤ちゃん用のベッドでこれを使っている家庭は多いと思いますが、じっと見ているのは最初だけでしばらくすると飽きてしまう、という声が少なくありません。

おそらく規則的な動きしかしないため、メリーから得られる情報や刺激にすぐに慣れてしまうのでしょう。

同じく赤ちゃんの頭上に吊るすものでも、不規則な動きが特徴のモビールなどは、飽きることなく見続けています。

毎回違う動きをするので、好奇心が尽きることがないのでしょう。

子どもは気に入ったおもちゃで何度も繰り返し遊びますが、子どもは吸収力があるので、単純なおもちゃだと2週間もすれば飽きて、手を伸ばさなくなります。

子どもは本能的に「新しいおもちゃを使ってもっと成長したい」と思っているので、飽きる前に新しい遊びやおもちゃを用意してあげる必要があります。

繰り返しになりますが、ベビースクールには子どもが集中して遊びたくなるようなおもちゃをたくさん用意しています。

なぜなら、夢中になって取り組んでいたおもちゃも、2週間もすれば飽きて、別のおもちゃを求めるようになるからです。

これ自体は決して悪いことではありません。「やりきった」と思えるところまで遊んだからこそ、次のレベルのおもちゃに興味を持つのです。これは、成長した証でもあります。反対に「やりきった」ところまで遊んだおもちゃは、子どもにとって退屈なものになります。

本能的に「成長したい」と思っている子どもにとって、遊びきったら飽きるのは当たり前のこと。

子どもの成長に合わせておもちゃを用意してあげましょう。

「ちょっとむずかしい」くらいがちょうどいい

おもちゃは、簡単すぎてもすぐに退屈してしまいますし、逆にむずかしすぎると、まったく手を伸ばしません。

ちょっとむずかしいけれど、何とかできるくらいのおもちゃに最も興味を持ち、集中して遊びます。

お子さんが、どんなレベルのおもちゃを求めているかを観察しながら、成長段階にふさわしいおもちゃを用意してあげてください。

子どもがむずかしいと感じるようなおもちゃを与えても、自分から積極的に手を出しませんし、集中して遊びません。おもちゃを用意した親の立場になれば、「やってごらん」とつい強制したくなりますが、子どもができないと判断したら、決して遊んでくれません。

もちろん、むずかしくて手を出さなかったおもちゃも、「いまはその時期ではなかった」というだけです。

おもちゃの対象年齢を超えているのに興味を持たない場合、「うちの子は、成長が遅いのかなあ」と心配になるかもしれません。

でも、心配はいりません。成長には個人差がありますし、年齢ではなく経験の度合いによって、興味を持つおもちゃは変わってくるものです。

いまは手を伸ばさなくても成長のステップを踏んでいけば、興味を持って遊ぶようになるはずです。

なお、おもちゃは置いているだけでは、子どもはなかなか集中して遊びません。やり方がわからなければ、ただ見ているだけになってしまいます。

大切なのは、両親が実際に遊んでみせること。

そうすることで、自分の成長段階にふさわしいおもちゃかどうかを子どもが判断してくれます。いまの自分にとって必要だと判断すれば、すぐに手を伸ばし、夢中で遊び始めるはずです。

スマホは受け身のフロー状態

能動的な遊びとは「集中の質」が異なる

最近ではスマートフォンやタブレット端末を育児に利用する「スマホ育児」という言葉があるくらい、スマホを育児に活用している人が増えているようです。

スマホの動画やゲームなどを見せると、多くの子どもは動く画面に興味を持ち、目を離さなくなります。一見、フロー状態に入っているように感じられます。

しかし、スマホによるフロー状態は、本来のフロー状態とは質が異なると考えてください。

もちろん、スマホを育児に使うことを否定することはしません。時代に合わせた子育てがあってもいいと思います。

ただ、基本的にスマホは、**子どもにとって受け身の刺激にすぎません。**テレビと同じで画面が次々と動くから飽きることなく見続けることはできますが、一方的に与えられた情報を受け取ることになります。

スマホ動画を見ている子どもは、口をポカーンと開いて見ていることが多い。これは、集中しているのではなく、受動的に情報を受け取っている状態です。

自分の体を使って遊ぶおもちゃは、自分から能動的に興味を持つので、頭をフル回転させ、まわりの声が聞こえないくらいに集中します。スマホによる集中とは、まったく性格が異なるものなのです。

そういう意味ではテレビも同じです。子どもは画面に釘付けになり、集中しているように見えますが、どうしても受け身の姿勢になります。

親の価値観を押しつけていないか？

スマホやテレビもいいですが、やはり子どもが小さい頃は、生身の人間の声やぬくもりを感じるような育て方をするのが理想です。

両親やまわりの大人、子どもとのコミュニケーションは感じる心や理解力などを育む絶好の場です。

もちろん、「スマホやテレビは絶対に見せないように」と言うつもりはまったくありません。

これだけＩＴが発達している世の中なのに、スマホにまったく触れさせないというのもバランスが悪いですよね。

「スマホもテレビも一切見せない」という教育方針を徹底している家庭もたまにあります。

ただ、何事も「本当に子どもにとってためになるのか」という視点は持っておくべきでしょう。スマホやテレビをまったく見せない生活をしていれば、まわりの子どもと話も合いませんし、かえって子どもの世界を狭めてしまうリスクもあります。

「子どものため」とこだわっていることは、実は親のエゴや自己満足で終わっているケースも少なくありません。

ぜひバランス感覚を大事に、スマホやテレビと付き合ってほしいと思います。

子どもの能力を引き出す8つの心得

いい意味でも悪い意味でも、
親が子に与える影響力は無視できません。
才能を十分に引き出せるかどうかは、
子どもに対する親の
向き合い方にかかっています。

【心得①】子どものすべてを受け入れる

キャベツを赤色で塗ってもいい？

子どもの才能が開花するかどうかは、ある意味で最も関わりの深い親にかかっているといっても過言ではありません。

ここでは、親が子どもと接する際のポイントを紹介します。

モンテッソーリ教育では、子どもと接するときの心構えが12カ条でまとめられていますが、私はこの12カ条をベースに自分の経験も加味して、８つの心得としてまとめ、親御さんに伝えています。

ひとつめは、**子どものすべてを受け入れること**。

子どもの可能性を広げるために、大人の常識を押しつけてはいけません。まずは受け入れるという姿勢が大切です。

たとえば、野菜の絵を子どもに描かせたとき、きゅうりをピンク色で塗り始めたら、どうでしょうか？　キャベツを赤色で塗っていたら、どうしますか？

だいたいの大人は、「きゅうりは緑色でしょ」「キャベツは黄緑色じゃないの」と注意します。

しかし、それは大人の常識にすぎません。子どもの自由な発想を否定することによって、子どもの可能性を潰してしまうことになります。

子どもには、きゅうりをピンク色にした理由があるのかもしれません。結果だけ見て判断せずに、プロセスを見てあげることが大切です。

どんな分野でもイノベーションを起こしたり、ブレイクスルーにつながるようなアイデアを出す人は、これまでの常識にとらわれない人です。

子どものうちから、自由な発想を封じてしまうと、大人になったときに画期的なア

イデアを出すことはむずかしくなります。

また、「きゅうりをピンク色に塗ったらダメでしょ」と頭ごなしに否定されると、自由な発想が阻害されるだけでなく、子どもは自尊心を傷つけられ、「僕（私）は何をやってもダメだ」と自信を失っていきます。

モンテッソーリ教育では、子どもの発想やアイデアを頭ごなしに否定せずに、まずは受け入れることを大事にしています。「それでいいよ」と認めてあげる。

そうすることによって、大人になっても豊かな発想力を発揮でき、自信をもって自分を表現できるようになるのです。

「こうしないとダメでしょ」と大人の常識や価値観を子どもに押しつけ続ければ、子どもは、親や先生が望む絵を描くようになるかもしれません。

そのほうが大人にとってはラクで安心できますが、**同時に子どもの才能をつぶすことになる、ということを認識しなければなりません。**

イタズラにも「理由」がある

子どもはイタズラをしたり、突然泣き出したり、大人にとって「困った行動」をとります。しかし、これらの行動は親を困らせることが目的ではなく、すべて子どもなりの理由があるのです。

たとえば、子どもが何でもかんでもモノを投げてしまうことがあります。

親からすればやめさせたい行動ですが、子どもにとって「投げる」ことはとても楽しい行為です。手を離したらモノが遠くに移動するということ自体が新鮮ですし、投げた先を予測すること、その軌跡を観察するのも楽しい。投げることによって、いろいろなことを知り、感じたいだけなのです。

大人にとっては単なるイタズラに見えますが、**子どもにとっては投げるという行為を通じて能力を伸ばそうとしている。**

つまり、成長の過程のひとつなのです。

「投げる」にかぎらず、どんなイタズラにも理由があります。

だからこそ、「ダメ！」「やめなさい！」などと叱ったり、否定したりしてはいけません。

いったん子どもの言動をすべて肯定し、受け入れてあげることが大切です。

コップを投げ始めたら、「投げてみたかったんだね。じゃあ、これを投げてみようか」といって、ボールやお手玉など、投げても問題がないものを渡してあげましょう。

子どもがおもちゃを他の子どもに取り上げられて泣き始めても、同じこと。

「それくらいで泣かないの！」「お姉ちゃんなんだから貸してあげなさい！」と頭ごなしに否定するのではなく、「さびしいね」「悲しいよね」と気持ちに寄り添って、子どもが落ち着くのを待ちましょう。

「ダメ」というと、かえってやってしまう理由

ちなみに、**「ダメ」などの否定語は、かえって禁止したい行動を促すため、できる**

だけ使わないことが大切です。

そのことを示すこんな実験があります。

被験者に目を閉じさせて、「頭の中で、ピンクの象を絶対に想像しないでください」と声をかけます。

すると、「想像しないで」といわれたにもかかわらず被験者は、間違いなくピンクの象を頭の中で思い浮かべてしまいます。

人間の脳は否定語を判別できないのです。

ですから、「ここで走ったらダメでしょ!」「席を立ったらダメ!」と子どもに注意すると、「走る」「席を立つ」という言葉が印象に残り、逆にそれをしたくなります。

「ダメと言われるほどやりたくなる」というのも同じ現象です。

否定語を使わずに注意するなら、「ここでは歩こうね」「座っていようね」という言い方をしましょう。

言葉使いに気をつけると、子どもも素直に聞き入れてくれて、子育てもラクになります。ぜひ試してみてください。

Chapter
4

【心得②】いつも子どもと「楽しい！」をつくる

「子どものため」がイライラのもとに……

保育園やベビースクールの仕事を通じて、たくさんのお母さんと接する機会がありますが、最近感じるのは、今のお母さんには、いい意味でも悪い意味でも真面目な人が多いということです。

たとえば、子どもの教育に効果的と聞いたことを、毎日きっちりと子どもと一緒に取り組む。子どもと遊ぶことが大事だと知れば、どんなに忙しくても一生懸命遊んであげます。

もちろん、教育熱心であることはよいことですが、真面目すぎるがゆえに義務感にかられているお母さんも少なくないように感じます。

「今日やろうと思っていた教材がまだできていない」「早く終わらせないと！」「遊ばなくては！」などと追い立てられるように、子どもと教材や遊びに取り組んでしまう。

小学校受験をめざしている家庭では、もっと深刻です。予定通りにいかないと、お母さんもイライラが募っていきます。挙句の果てには、「あなたのためにやっているのに！」と言うことを聞かない子どもに当たってしまうお母さんもいます。

お母さんがイライラしていると、それは子どもに伝わります。「お母さんに怒られるから」と、気を使って教材に取り組む子どももいます。

親が思っている以上に、子どもは親の心の動きに敏感です。

赤ちゃんを寝かしつけ中に、「早く寝てよ！」とイライラしていると、かえって眠ってくれなかったという経験はありませんか？　反対に、親がリラックスした気持ちで抱っこをしていると、子どもはあっさりと眠りにつきます。

子どもと接するときには、親もいっしょに楽しむ気持ちを忘れないでください。

遊び心をもって子どもと向き合う

精神的に余裕がないときは、1日くらいさぼってもかまいません。

「寝不足だから、子どもといっしょに昼寝をしよう」という日があってもいいと思います。何よりも心から楽しむことが大切だからです。

義務感で子どもと接するのはやめましょう。「楽しい時間を過ごすにはどうするか？」という視点を忘れないことが必要です。

遊び心をもって子どもと接することができればなおよいでしょう。仮に小学校受験をするにしても、ただ強制するだけでは親子でもしんどくなっていきます。楽しみが対になっていなければ、長続きせず、成果も出ないでしょう。

たとえば、身近にあるもので子どもの教具を手づくりしたり、本気で子どもと一緒に追いかけっこや缶蹴りで遊ぶ。**親が遊び心をもって子どもと接すれば、そのウキウキした気分は子どもに必ず伝わります。**

何でも楽しむという遊び心を養うのは、親にも子にも意味のあることなのです。

【心得③】子どもが満足するまでやらせる

ルールを決めれば、子どもも納得する

先にも述べましたが、**子どもには遊びでもなんでも「満足するまでやらせること」が大切です。**

公園などで遊んでいると、子どもが「まだ帰りたくない！」と駄々をこねることがよくあります。

遊びも能力を伸ばすことにつながるので、できるだけ付き合ってあげたいところですが、そうはいってもお母さんにも都合があります。家事や仕事に忙しいお母さんは、「もういいかげんにして！」とイライラするかもしれません。

「また今度ね！」とぐずる子どもの手を引っ張って公園をあとにするお母さんもいま

すが、お互いにいい気持ちではありませんよね。

私の教室に通うお母さんの例です。

散歩から子どもはたくさんのことを吸収していることを知ったお母さんは、「まだ帰りたくない」と言い出したお子さんにとことん付き合ったそうです。すると、子どもは満足した表情になり、その後、散歩中にぐずることが少なくなったそうです。

ただ、**時間に余裕がない場合は、「枠組み」をつくることが有効です。**

具体的には、帰宅する時間を決めておき、その時間が来たら帰ることを子どもにあらかじめ伝えておきます。

「時計が4時の位置に来たら帰ろうね」などとルールを決めておけば、子どもは時間がきたら納得してくれますし、お母さんもストレスをためずにすみます。

子どものリクエストに応えることは、時間的にも心理的にもしんどいですが、子どもが満足するまでやらせることで、そのあとの子育てがぐっとラクになります。

【心得④】子どもに選ばせる

人生は選択の連続

どんなに小さな赤ちゃんでも、自分で選択する力を備えています。

だからこそ、赤ちゃんが遊びたいおもちゃを選ばせてあげることが大切です。
子どもが小さい頃は、親は遊んでほしいおもちゃを手にとり、「これが楽しいよ」といって子どもに与えがちです。しかし、それは子どもが遊びたいおもちゃであるとはかぎりません。

まだ生後3カ月の女の子が教室にやってきたとき、近くにある3つのものを手に持って、「どれがいいかな?」と聞いてみました。すると、その女の子は、「これ!」と目で合図をして、3つの中から赤色の髪飾りに手を伸ばし、楽しそうに遊び始めました。この女の子にかぎらず、**どんな小さな赤ちゃんでも、自分で選ぶ意思と力を持っているのです。**

ですから、おもちゃで遊ばせるときは、いくつかの選択肢を用意してあげるといいでしょう。その瞬間、遊びたいと思うおもちゃに手を伸ばすはずです。

進学や就職にかぎらず人生は選択の連続です。

一つひとつの場面で、自分にふさわしい選択をできるかどうかで、人生が大きく変わってしまうといっても過言ではありません。

小さいうちから自分の意思で選ぶ経験を積み重ねることによって、大人になってからもまわりの意見に振り回されることなく、自分自身が納得のいく人生の選択をすることができます。「親の敷いたレールの上を歩む人生」などとよくいわれますが、それは子どもから選択する力を奪うことでもあります。

そうした人生は、子どもにとって本当に幸せでしょうか？

子どもに自ら選択させるには、さまざまな価値観があると教えることも重要です。

あるお母さんから「夫と教育に関する考え方が違うので困っています」という相談を受けたことがあります。教育方針の違いから感情的にぶつかってしまうので、子どもが混乱しないか心配だとのこと。

父親と母親で子育てに関する考え方やスタンスが異なることはめずらしくありません。夫婦といえども、異なる環境で育ってきたわけですから、さまざまな面で価値観に差が生まれるのは当然です。

ですから、育児に関する大きな部分は話し合って夫婦で統一されていたほうがいいと思いますが、なんでもかんでも夫婦のスタンスを同じにする必要はありません。

大事なのは、**親が人生を楽しんでいることを子どもに見せることです。**夫婦のどちらかが相手に無理強いしたり、支配したりといった関係性を見せれば、子どもの脳には、どちらかがコントロールするのが当然だと刷り込まれてしまいます。

すると、子どもは友人との人間関係でも何かを強要したり、されたりすることが当然だと考えるようになります。

価値観や人生のスタンスが夫婦で異なっていても、それぞれが自分の人生を楽しみ、お互いに尊重する姿を見せることが大切です。

さまざまな価値観や生き方があることを教えるのも親の役割ではないでしょうか。

人の価値観はさまざまであることを教える

薬剤師の仕事をしている私の夫は、50歳を超えてから「医者になりたい」と、国立大学の医学部に入学するために受験勉強を始めました。

もちろん、いままでの仕事を続けながら受験勉強をするのですから不安がなかったといえばウソになりますが、夫が決心したことですから、家族で受け止めることにしたのです。

4年にわたって受験し、受験した大学の半数は一次試験に合格するところもあったものの、結果的にはうまくいかず、夫は医者になることをあきらめました。

夢は破れましたが、夫は挑戦したことに満足していましたし、受験勉強で学んだ医学の知識がその後に始めた薬剤師の仕事にも役に立っていると話しています。

自分で決めた人生に、ムダなことなどひとつもないということを夫に教えてもらいました。子どもたちは、夫の生き方を見て、いろいろと刺激を受けて、考えることがあったはずです。

そういう意味でも夫のチャレンジには意味があったと思っています。

将来、進む道を決めるのは子どもたち自身です。そのためにも、**いろいろな価値観を知ること、そして視野を広げてあげることが大切です**。

さまざまな選択肢の中から自分がやりたいことを選ぶ。親ならそんな人生を子どもに送ってほしいと願うのではないでしょうか。

親の価値観を押しつけるのは、子どもの可能性を狭めることになってしまいます。そうしないためにも、親自身が人生を楽しみ、相手の人生を尊重することが第一。

さらに、さまざまな価値観を持った人が集まる環境を子どもに提供してあげることも大切です。

Chapter 4

【心得⑤】子どものやっていることを待つ

マイペースでお弁当を食べるのは困った子?

子どものやっていることを見守り、待つことは、簡単ではないかもしれません。
思い通りにならない子どもの態度に、ときにイライラと感情をかき乱されることもあるでしょう。

しかし、モンテッソーリ教育のベースである「子どもの自由を保障し、自発的な活動を助ける」という考え方を実践していくと、子育てに対する価値観が変わり、心がラクになります。

私がモンテッソーリ教育の幼稚園で、実習のため園児たちとバスに乗って遠足に出かけたときの話です。みんなといっしょに外でお弁当を食べて、バスに戻ったのですが、１人だけ園児がバスに戻らず、ゆっくりとお弁当を食べていました。

普通の幼稚園なら、「みんなが待っているから急ごうね」と言って半強制的にバスに乗せ、「待たせてごめんなさい」と謝らせるようなシチュエーションです。

しかし、モンテッソーリの幼稚園では、子どもがお弁当を食べ終わるのをじっと見守っていました。バスに先に乗り込んでいた子どもたちといっしょに、歌を歌いながら待っていたのです。しばらくしてお弁当を食べ終わった園児がバスに乗り込んできたら、決して責めることもなく、バスは出発したのです。

このとき、私は驚きましたが、先生はこうおっしゃいました。

「あの子は自分のペースで食べていただけ。その子を待てることのほうが大切です」

私は、この体験を通じて価値観が１８０度変わりました。

子どもにいうことを聞かせることが先生の役割だと思っていたのですが、**子どもにはそれぞれの子どものペースがあり、それを見守るのが大人の役目だと気づかされたのです。**

Chapter 4

子どもにはそれぞれ成長のペースがある

このように自分で気づくことができた子は、どんなときでも、その場にふさわしい行動がとれるように成長していきます。

まわりの空気や状況を読み取り、自分を客観的にとらえられるのでしょう。

一方、「○○しなさい」「○○してはダメ」と大人にいわれたとおりに行動している子どもは、その場では言うことを聞いても、違うシチュエーションになると応用がききません。

たとえば、幼稚園の教室内では先生のいうとおり静かにできても、1歩教室を出たら騒いでしまう……ということが起きます。

自分で気づいて行動したことではないから、応用がきかないのです。

親が子どもを待ってあげられると、待てる子どもに育ちます。

これもモンテッソーリの幼稚園での出来事ですが、そうじの時間にもかかわらず、1人の子どもが絵を描くのに夢中になっていました。

するとと、机を拭かなければならないそうじ当番の女の子は、絵を描いている子に文句をいうことなく、他の机から先に拭き始めました。

そして、描き終わるのを待ってから、その子の机を拭いてあげたのです。

そうじ当番の子は、きっと両親や先生から待ってもらう経験をしてきたのだと思います。だから、他の子が絵を描き終えるのを待ってあげられたのでしょう。

もちろん、電車やレストランの中で子どもが騒いでいれば、迷惑になるので注意する必要があります。ただ、緊急の場面でなければ、できるかぎり子どものすることを待ってあげましょう。

子どもには成長のペースがあることを理解し、その成長を寛大な心で待つことができれば、子育てがきっとラクになるはずです。

Chapter 4

【心得⑥】自然の中で子どもとたくさん遊ぶ

»「魚は切り身のまま泳いでいる」と思い込む子

いま都会に住んでいる子どもは、意識をしないと、自然と触れ合う機会が極端に少なくなってしまいます。

そもそも緑が少ないですし、街は人工的なもので覆われています。ハエや蚊でさえなかなか飛んでいないので、虫に触ったり、刺されたりといった経験もまれです。

都会生活に染まると、魚は切り身しか食べたことがないので、本物の魚を想像できず、フルーツもカットしたものしか知らない子どももいます。

また、普段自分たちが飲んでいる水が、どこからやってきて、どこへ流れていくのかも知りません。

もちろん、こうしたことも成長するにつれて覚えていくものですが、子どものときに自然に触れない生活をしていると、子どもの能力が十分に引き出されないというデメリットがあります。

家の外、特に自然に触れると、家の中にいては体験できないさまざまな刺激や発見があります。

たとえば、風の音、葉が揺れる音、花の香り、土の感触、木々や花の豊かな色彩などなど、数え上げればきりがありません。

落ち葉の微妙な色の違いなどは、子どもにとっては興味深い発見で、飽きることなく観察しています。土遊びをするときの感触も、子どもにとっては自然の中でしか味わえない貴重な経験です。

こうした自然との触れ合いが脳に刺激を与え、豊かな心を育むと私は考えています。動物を飼うことは情操教育に役立つといわれますが、同じように自然が好きな子は、人の気持ちに気づきやすい傾向があります。

必要以上に自然に触れることを制限していないか?

また、**発見や刺激が多い環境に身を置くと、フロー状態に入りやすくなります。**

大人でもはじめて訪ねる旅行先で感動的な景色や心安らぐ風景に出合うと、それに引き込まれ、いろいろと思考をめぐらせることがありますよね。

ずっと家の中にいると、刺激を与えるものがなくなっていき、フロー状態に入る機会も減っていくのです。

最近では、「砂遊びや泥遊びは不衛生だから」「虫にさされてはいけないから」「けがをしてはいけないから」という理由で、自然に触れさせることを制限する親が増えているように感じます。

もちろん、危険なことは避けるべきですが、自然に触れることを過剰に制限していないでしょうか。

心当たりのある方は、外での遊び方を少し考え直してみてください。

【心得⑦】子どもに解決させる

おもちゃの奪い合いから学べること

先ほども述べましたが、モンテッソーリ教育では「見守る」ことが基本的なスタンスです。

子どもが自分で解決できることは、自分で解決するまで見守ります。

先日、保育園でこんなことがありました。
2人の園児がおもちゃの笛の取り合いを始めたのです。
貸してほしい女の子と、貸したくない男の子。
お互いに譲らず、結局、笛が手に入らなかった女の子が泣いてしまいました。

このとき、普通の親や先生は、男の子に対して「かわいそうだから貸してあげなさい」といって半強制的に取り上げようとしますが、そうすると男の子も不機嫌になったり、泣き出してしまったりするのがオチです。

しかし、私たちは2人の争いに干渉せず、見守ることに徹しました。

すると、どういうことが起きたでしょうか。

笛を死守した男の子は、その直後こそ勝ち誇った表情で笛を吹いていましたが、隣で女の子がずっと泣き続けているので、だんだん気まずくなったのでしょう。

しばらくすると、男の子は女の子に笛を譲りました。

そして、2人は何事もなかったかのように、楽しく遊び始めたのです。

問題解決能力が養われる

小さな子どもでも自分で考え、問題を解決する能力をもっています。

この男の子は、女の子が泣いている状況で笛を吹いても楽しくないことを実感し、

「もっと楽しくするためにはどうすればいいか」を自分で考えました。

この経験は、別の似たような機会でも応用されるでしょう。

こうして、子どもは学び、成長していくのです。


問題やトラブルが発生すると、大人は子どもに干渉して、自分で考え、解決する機会を奪ってしまいがちです。

しかし、ケンカやトラブルなどの機会を通じて、子どもは葛藤したり、悔しい思いをしたり、相手のことを考えたりといった経験を重ねていきます。

その経験が、大人になっても活きてくるはずです。

逆に、こうした経験をあまりしてこなかった子どもは、**大人になって問題やトラブルに直面したとき、どう対処すればよいかわからず、攻撃的な態度をとったり、まわりの人を傷つけたりしてしまう**のです。

【心得⑧】間違いを訂正しない

自分で間違いに気づけないと、結局何度も失敗を繰り返す

子どもがおもちゃで遊んでいるとき、その方法が間違っていると、大人は「そうじゃないよ。こうでしょ」といって、子どものやり方を訂正したくなるものです。

しかし、これは逆効果。

子どもは失敗することで学び、成長していきます。

正しいやり方で遊ぶよりも、失敗して自分で考えることのほうが大事なのです。

モンテッソーリ教育では、感覚を育てる教具の1つに、「ピンクタワー」という積み木のおもちゃがあります。

1辺が1cmから10cmまでの10個の木製立方体を、大きいほうから順番に上へ積み上げていくと、キレイなタワーが完成するというものです。

子どもがはじめてピンクタワーで遊ぶと、8cmの積み木の上に9cmの積み木を載せたり、5cmの積み木の上に3cmの積み木を載せたり、順番を間違えてしまうことがよくあります。

これを見ていた親は、「順番が違うよ」と言って途中で間違いを修正してしまいがちです。

そうすると、子どもは自尊心を傷つけられた気分になり、もう積極的にピンクタワーで遊ばなくなってしまうことがあります。

モンテッソーリ教育では、このような場合、間違いを指摘したり、修正したりすることはありません。

「できたね」と、できたということだけ承認してあげるのです。

子どもは自分で間違いに気づいたとき、そこから学び、遊びのレベルを上げていきます。

自分で間違っていると気づいていないときに、いくらまわりから注意されても、自分では間違っているとは理解していないので、また同じ間違いを繰り返すだけです。さらに、注意されたことでプライドが傷つきます。

「間違ったまま覚えてしまっては困る」「恥ずかしい思いをさせたくない」と大人は考えがちですが、「何かおかしい」と自分で気づくことができた子どもは、自分でやり直したり、まわりの大人にやり方を質問したりしてくるものです。

そして、そのプロセスから成功するために必要なことを学び、自信をつけていくのです。

「違う」ではなく「よくできた」と承認する

モンテッソーリには、紙を糸で縫う「縫《ぬ》い刺《さ》し」という作業があります。

正しくキレイに縫うには、上から穴に糸を通したら、次の穴では下から糸を通し、さらに、今度は上から穴に通す……という順番が重要です。

しかし、慣れていない子は、上から穴に糸を通したら、次の穴にも上から糸を通してしまうことがあります。すると、当然、糸が紙を巻き込み、きれいにできあがりません。

この場合も、まわりの大人は、「違うでしょ」と否定することはありません。ひとまず「できたね」と承認してあげます。

それは自分で失敗に気づき、自らの頭でどうしたらいいかを考えることのほうが大事だと考えているからです。

実際、「何か変だな」「まわりの子がつくったものと違う」と気づいたとき、または気まずさや恥ずかしさを感じたとき、大人にどうしたらいいか尋ねてきます。

こうした子は、自分の頭で考えて、自主的に行動できるようになります。

一方、すぐに間違いを指摘され、修正された子は、問題解決能力が不足し、指示待ちの態度をとることが多くなります。

また、どこか自信のない子どもになってしまいます。

日常生活でも基本的なスタンスは同じです。

たとえば、ボタンのかけ違いや靴の履き間違いなどはよくありますが、このときも「違っているよ」とすぐに指摘せず、自分で間違いに気づくよう促します。

ただし、お手本がないと自分の間違いに気づくことができないため、最初は親が正しいやり方を見せてあげる必要はあります。

たとえば、「靴下は、キャラクターが外側にくるように履くんだよ」と先に教えてあげる。それをせずにダメ出しをしないこと。

教えることもせずにダメ出しだけしてしまうと、自分はダメな子だとインプットされ、新しいことにチャレンジするのに必要な自信を失ってしまいます。

次からはいよいよ、「9つの知能」それぞれをフロー状態にして伸ばしていく実際の活動（アクティビティ）を紹介していきます。

個人差がありますが、行うとぐんと能力が伸びる「適齢期」も載せました。家庭で簡単にできるものばかりですので、今日からさっそく始めてみてください。

スポーツ万能の子どもに育つ「運動」のフロー

運動神経がいい子と悪い子。
その差は乳幼児期の生活から生まれます。
「体」の能力を引き出すための
活動を紹介しましょう。

1 手遊び歌

適齢期▼0カ月～

赤ちゃんの体や手に触れて遊ぶ「手遊び歌」は、親子の絆を深めるだけでなく、手指など運動機能を高めるためにももってこいです。

こうしたいと思ったとおりに手指の筋肉が動かせることを「手指の巧緻性《こうちせい》」といいます。最近はボタンを留めたり、本のページをめくったりするのが苦手という子どもが少なくありません。手指を使って「つまむ」「引っ張る」「ひねる」という行為を十分にしてこなかったからでしょう。

手指は第二の脳。これらをたくさん使うほど脳を刺激して神経回路がつながり、高い能力を発揮できます。

手指の巧緻性の発達を促すアプローチのひとつが、手遊び歌です。「グーチョキパーでなにつくろう」などが有名ですね。そのほか、「ちょちちょちあわわ」は、昔ながらのわらべうた。リズムに合わせて手のひらを口にあてたり腕を回したり、真似したくなる擬音がたくさん盛り込まれています。YouTubeなどの動画サイトで検索すると、楽しそうな手遊び歌がたくさん出てくるので、ぜひお気に入りを見つけてみてください。

》「ちょちちょちあわわ」の振り付け

①手を2回合わせる

④人差し指で目元を軽くたたく

②手を口に持っていく

⑤両手で頭を軽くたたく

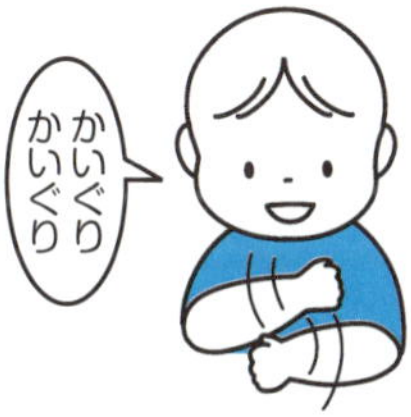

③両手を腕の前で回す

⑥片手でもう一方のひじを軽くたたく

POINT

- **公共の場で子どもがぐずったときに、手遊び歌をすると機嫌を直すことが多い**

2 前進プログラム

適齢期▼2カ月〜

赤ちゃんがうつぶせの状態で、手の平や足の裏で床を押したり引っ張ったりして、前後にはって進むことを「ずりばい」といいます。ほふく前進のような動作です。生後2〜3カ月もすれば、ずりばいをできるようになります。

うつぶせ寝による死亡事故が報道されたこともあり、うつぶせ寝をさせない親が増えていると聞きます。しかし、**ずりばいは、ハイハイへと進化する大事なプロセスのひとつ。全身に筋力がつくだけでなく、脳の神経回路がつながっていきます。**

うつぶせで手足をバタバタと動かしているなら、前方に興味を引くおもちゃなどを置き、赤ちゃんの足の裏に手のひらを当てます。すると、手のひらを蹴って前に進みます。「前に進んだ！」という体験をすると、もっと動きたい意欲が高まります。

ずりばいができるようになったら、ハイハイをするためのサポートをしてあげましょう。親があおむけで寝転がり、おなかの上に子どもを腹ばいで乗せた状態で揺らします。すると、子どもは落ちないようにパンッと手を床につき、手で支えて前に進む感覚や体重移動の感覚を覚えていきます。同じことをひざの上でしてもいいでしょう。

≫ハイハイを促す活動

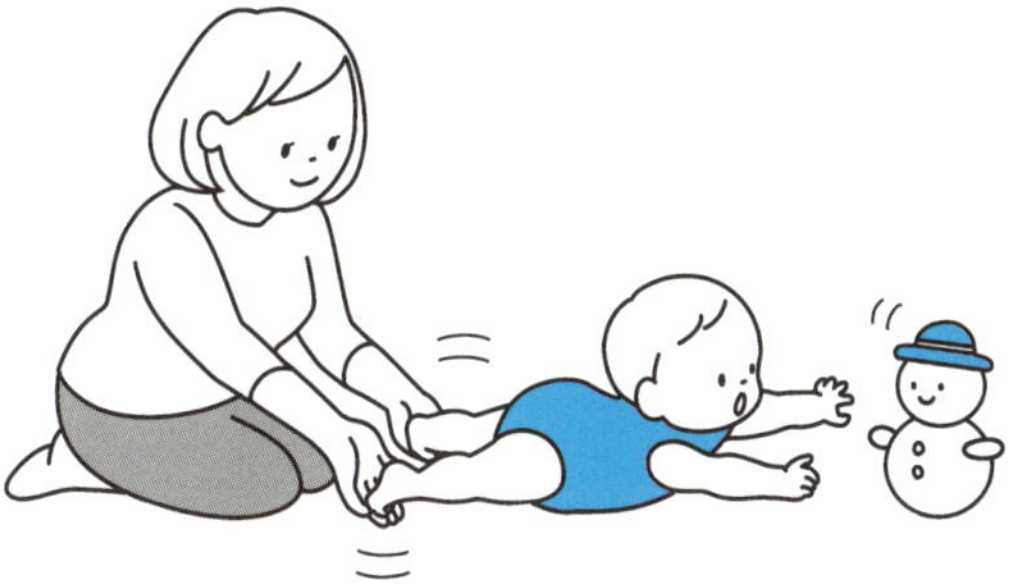

・前方に興味を引くおもちゃなどを置き、足の裏に手のひらを当てる

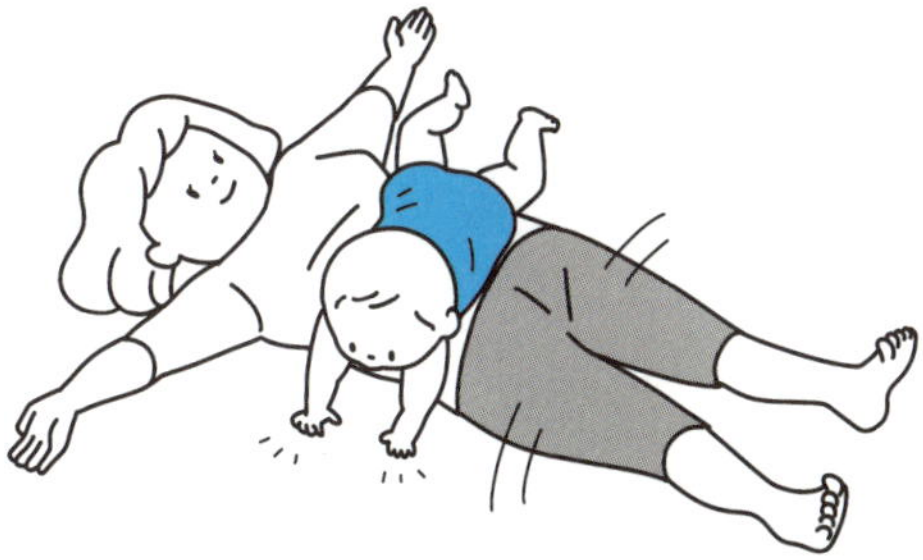

・親があおむけで寝転がり、おなかの上に子どもを腹ばいで乗せた状態で揺らす

POINT

- ずりばいは、窒息を防ぐために硬めのマットレスやピンと張ったシーツの上で行う
- うつぶせに慣れていないと、すぐに泣いてしまうが、泣くことには酸素を取り入れる意味もあるので、2〜3分は見守ってあげる

Chapter 5

3 バランスプログラム

適齢期▼2カ月～

人間には、五感のほかに「固有覚《こゆうかく》」「前庭覚《ぜんていかく》」という大事な2つの感覚があります。

固有覚とは、自分の体の位置や動き、力の入れ具合を感じる感覚のこと。手足の動きを把握する上で重要な感覚で、リズミカルに手足を動かす際に大きな役割を担っています。転ばないようにすばやく筋肉を調整して姿勢を保てるのも固有覚のおかげです。

もう一方の前庭覚は、自分の体の傾きやスピード、回転を感じる感覚です。**これら2つの感覚は、精神的に情緒を安定させる働きも担っている**とされます。

これらの感覚を育てるために有効なのは、バランスをとる運動をすること。生後間もない子どもなら、あおむけのままバスタオルや座布団の上に乗せて、前後左右に引っ張ります。回転させてもいいでしょう。1人で立てるようになったら、立った状態で同じことをします。これで固有覚、前庭覚などのバランス感覚が身につきます。

歩きかけの段階では、親の足の甲に子どもを立たせ、親の指をつかませた状態でいっしょに前・後進します。肩車などもバランス感覚を伸ばすことにつながります。

≫バランス感覚を育てる活動

・あおむけのままバスタオルや座布団の上に乗せて、前後左右に引っ張ったり、回転させたりする

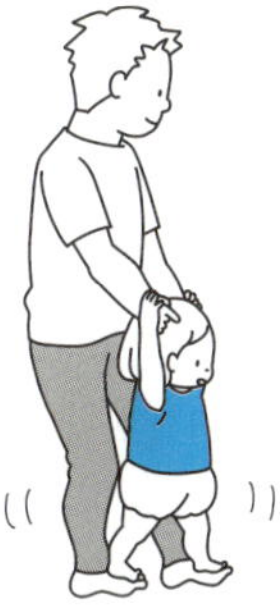

・親の足の甲に子どもを立たせ、親の指をつかませた状態でいっしょに前・後進

POINT

- **揺らすときは、子どもの目が動きの早さについてくる程度で行う。ついてくるなら段々速くしても喜ぶ**
- **トランポリンなど縦ゆれの動きも、バランス感覚を養う**

体

4 ぶらぶらレッスン

適齢期▼3カ月～

赤ちゃんの把握反射があるうちに「ぶら下がり」運動をさせることで、脳の神経細胞がつながり、モノをつかむ力などを伸ばすことができます。また、**胸の筋肉が発達して呼吸が深くなり、脳に多くの酸素を届けられるようにもなります。**

指で手に触れると、生まれてまもない赤ちゃんでも把握反射でキュッと強く握り返してきます。首がすわり始めたら（生後3カ月めくらい）、赤ちゃんの握る手に力が入っていくのを感じながら、寝た状態からゆっくり引っ張り上げましょう。さらに強い力で握るようになり、そのまま上体を起こせるようになっていきます。

つかむ力がついてきたら、ぶら下がりにも挑戦してみましょう。お座りの状態で、細長く、強度の高い棒（たとえば突っ張り棒など）をつかませたまま上下左右に揺らすと、倒れないように子どもはバランスをとろうとします。そして、子どもが宙に浮くまで引き上げます。慣れてくると、うんていにもぶら下がることができます。

ただし、赤ちゃんは唐突に手を離すことがあるので、落下には要注意。**床に座布団やクッションを置いて、必ず大人が受け止められる準備をしておきましょう。**

›› つかむ力とバランス感覚を育てる

・子どもを座らせた状態で、棒をつかませたまま上下左右に揺らす（棒を手でしっかり握れるようになったら。少し体が浮く高さで。生後6カ月が目安）

・子どもが宙に浮くまで引き上げる（しっかり歩けるようになってから。あまり高く上げないように）

POINT
●把握反射の時期が終わってしまっていても、握る機会を増やすことで、リカバーできる
●落下に備えて座布団やクッションを敷いておく

5 積み木崩し

適齢期▼4カ月〜

手指の巧緻性を発達させるには、小さなものをつかんだり、引っ張ったりすることが有効ですが、子どもが何でも口に入れてしまう時期は、あまり小さなものを与えると親は心配で目が離せません。そこでおすすめしたいのが積み木です。

赤ちゃんが好きな遊びのひとつですが、0歳時は、積み木を手に持つことはできても、積み上げることはまだできません。それでも、手に持って振ったり、舐めてみたり、投げてみたりと、さまざまなことを試す過程で、手指の巧緻性や握力、腕の筋肉が発達するほか、空間把握能力や集中力、バランス感覚などを養うことができます。

積み木を積むことができない乳時期は、積み木崩しから始めましょう。大きな音を立てて崩れ落ちていく様子は、子どもにとって大きな刺激になります。

また、7カ月ごろになると、2つの積み木を両手に握って打ち鳴らすようになります。実は、**赤ちゃんにとって右手と左手を同時に動かす行為は簡単ではありません。**

このような仕草が見られたら、いろいろな素材のモノを与えましょう。音の違いや感触を楽しむようになります。

≫ 積み木が体の知能を育てる

・乳時期は、積み木崩しから始める

・生後7カ月ごろになると、2つの積み木を両手に握って打ち鳴らすようになる

POINT ●積み木は手指の巧緻性や握力、空間認識力、バランス感覚などを育む

6 ティッシュ吹き

適齢期▼5カ月〜

最近は、シャボン玉をうまく吹けない子や風船を膨らませることができない子が増えています。乳幼児期に「吹く」という行為を十分にしてこなかったからでしょう。

まずは息を吐き出すことに興味を持ってもらうことから始めます。

おすわりができるようになったら、ティッシュペーパーを赤ちゃんの顔の前に垂らし、フーッと息を吐き出します。すると、ティッシュペーパーがふわっとまくれ上がり、赤ちゃんの顔に触れます。赤ちゃんはその感触やティッシュペーパーが揺れることに興味を持ちます。**そして、自分でも「揺らしたい」という気持ちが芽生え、「吹く」という行為を真似するのです。**

ティッシュに慣れたら、ストローにも挑戦してみましょう。ストローで顔に息を吹きかけたりして遊んでいると、自然と「吹く」という行為ができるようになり、シャボン玉をするときも、「フーフーだよ」と言うと、うまく息を吐けます。

言葉を話す前から吹く行為を経験しておくと、声を出すための口まわりの筋肉が発達し、早く話し始めるようになります。

「吹く」ことに興味を持たせる活動

・ティッシュペーパーを赤ちゃんの顔の前に垂らし、フーッと息を吐き出す

・ストローで顔に息を吹きかけて遊ぶ

POINT ●吹く行為は、声を出すための口まわりの筋肉の発達を促し、早く話せるようになる効果も

7 飛行機ブーン

適齢期▼5カ月～

飛行機ブーンは、大人が床にあおむけに寝転び、両すねの上にうつぶせの状態で赤ちゃんを乗せて、前後左右、上下に動かす遊びです。

親のすねの上で前後左右、上下の動きに合わせて姿勢を変えることによって、「固有覚」「前庭覚」といったバランス感覚が向上します。また、**背筋などの筋肉や体幹などが鍛えられるので、ハイハイや歩行をするときの土台にもなります。**

ただし、赤ちゃんが落ちないように注意してください。必ず手で赤ちゃんの脇の下を支えてあげます。心配な場合は、もう一人の大人が落ちないようにサポートするといいでしょう。

158ページのバランスプログラムなどにも当てはまることですが、子どもを揺らす運動をすすめると、「乳幼児揺さぶられ症候群」を気にされる親がいます。言語障害や学習障害を引き起こす可能性があるので、心配になる気持ちは理解できます。安全に遊ぶ目安は、**「子どもの目の動きが、揺れについてきているか」**です。左右に揺らしても、親の顔を追えているようであれば大丈夫です。

筋肉や体幹を鍛える「飛行機ブーン」

・大人が床にあおむけに寝転び、両すねの上にうつぶせの状態で赤ちゃんを乗せる。両手で赤ちゃんの脇の下をしっかりと支える。
そして、前後左右、上下に動かす

POINT

●この活動をすることで、「固有覚」「前庭覚」といったバランス感覚が向上し、背筋などの筋肉や体幹などが鍛えられる

8 手押し車

適齢期▼6カ月～

「手押し車」というと、スポーツの筋力トレーニングをイメージするかもしれませんが、これは子どもの「体」の知能を伸ばす効果もあります。

具体的には、腕の筋力がつき、体幹が鍛えられるほか、手足の動きを把握するうえで重要な感覚である「固有覚」が身につきます。

姿勢よく歩いたり、きちんと座ったりできる子どもは、この固有覚が優れているのです。

手押し車はハイハイをする前からできます。赤ちゃんのおなかの下に手を入れて持ち上げると、自然と手が床につき、自分の体を支えようとします。そして、前に進むように促すと、両手が交差するように動かします。こうした過程で、筋肉や関節が伸縮する感覚をつかむことができます。

子どもがハイハイできるようになったら、大人が両足を支えて腕だけで前進させてみてください。**筋力はもちろん、体幹が強くなり、バランス感覚も身につきます。**

もう少し大きくなったら、子ども向けのボルダリングに挑戦するのもよいでしょう。手押し車と同じような効果を得ることができます。

≫固有覚が身につく手押し車

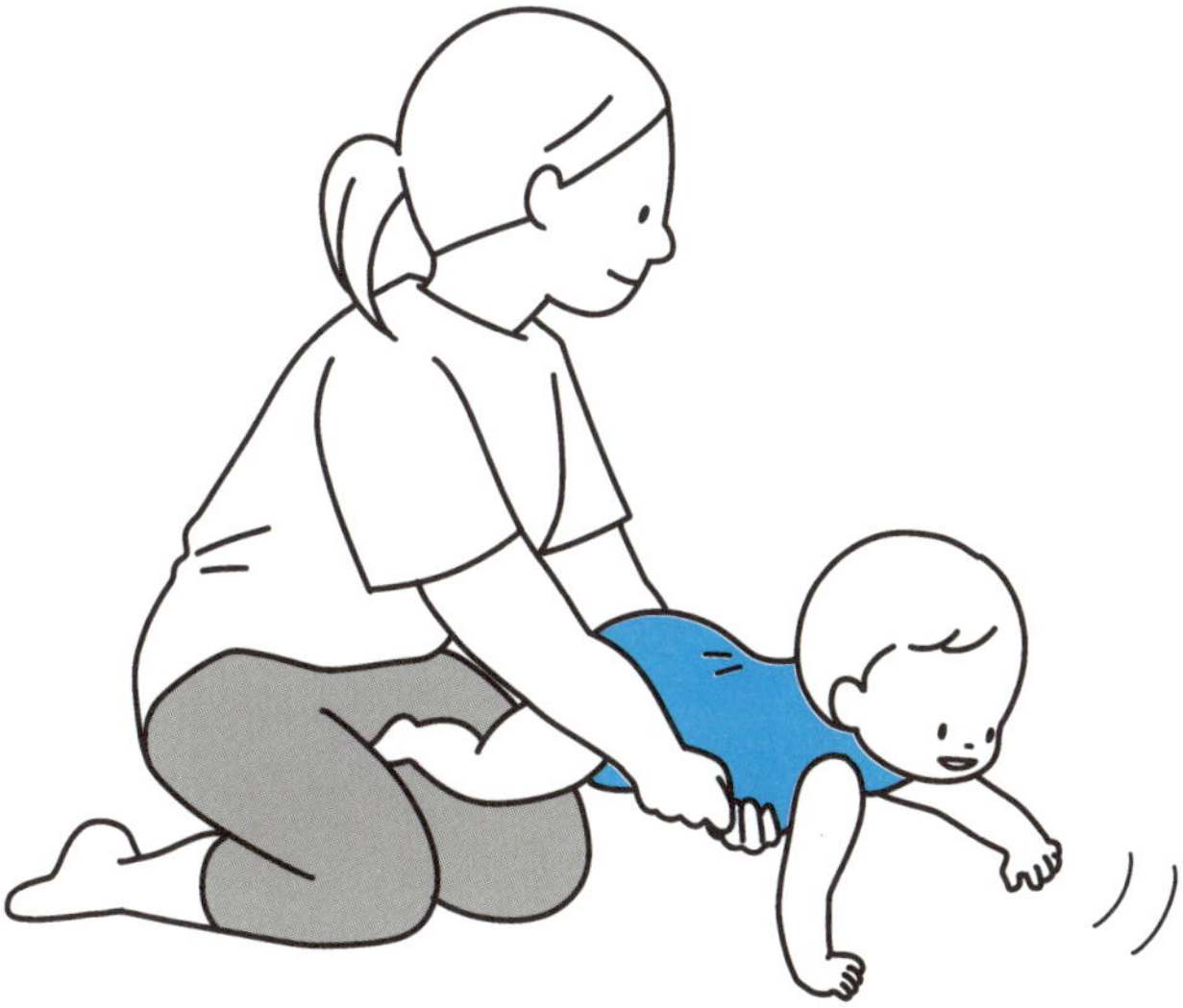

・赤ちゃんのおなかの下に手を入れて持ち上げる。
自然と床に手がつき、自分の体を支えようとする

POINT ●両手を使って前に進むと、筋肉や関節が伸縮する感覚をつかむことができ、ハイハイが早い時期からできるようになることも

9 びりびりレッスン

適齢期▼6カ月〜

一見、困ったイタズラに見えますが、子どもにとっては両手を使える面白さ、破れるときの音の刺激、形が変わっていく楽しさであふれています。この遊びでは、手指の巧緻性が発達し、手先の器用な子どもに育ちます。

最近は、幼稚園でもおかしやふりかけの小さな袋を自分で開けられない子どもが増えています。破ったり、ちぎったりする遊びをしてこなかったのでしょう。

紙を破ると気持ちがすっきりしますし、子どもは「やりきった」という達成感を味わうことができます。雨の日などにはもってこいの遊びです。

ティッシュペーパーや広告、新聞紙、包装紙など破っても問題のない紙を用意しましょう。音や感触が異なる材質の紙だと、その違いを楽しむことができます。

最初は、両手を使って力ずくで引っ張るため、うまく破ることができません。紙を破るには、左右の手を逆方向に動かすことを覚える必要があります。まずは親がお手本を見せたり、少しだけ紙に切れ目を入れてあげたりしましょう。子どもは切れ目の部分が垂れ下がっているのが気になり、手を伸ばしたくなるはずです。

紙を破らせて手指の巧緻性を育てる

・音や感触が異なる材質の紙を用意すると、その違いを楽しむことができる

POINT

●「掃除が大変!」という場合は、シートを敷くなどして「この中でなら好きなだけちぎっていいよ」といってあげると、大人もストレスがたまらない

Chapter 5

10 線上歩行

適齢期▼1歳6カ月～

子どもは白線や縁石の上を歩くのが好きです。これも、乳幼児期に必要とする能力を伸ばしたいという欲求のあらわれです。バランス感覚を磨くなら、「線上歩行」がおすすめ。床にビニールテープを貼って、その上を歩かせます。「絶対にはみ出さないように歩いてね」などとルールをつくると、子どもは集中して歩き始めます。

細い線の上からはみ出さずに歩くには、集中力だけでなく、まっすぐ歩くためのバランス感覚や筋力、先を見る視野の広さなどが求められるため、乳幼児にとっては絶好の遊びといえます。また、「固有覚」「前庭覚」も使うので、情緒が安定するというメリットもあります。私の保育園やスクールでも線上歩行を取り入れていますが、**経験してきた園児は、普段からまっすぐキレイな姿勢で歩けるようにもなります。**

ポイントは、スピードよりも正確さ。ゆっくりと確実に、はみ出すことなく歩くことが大切です。慣れてきたら、ピンポン玉を入れたスプーンを持って線上歩行をさせてみましょう。さらにフロー状態になって、さまざまな能力を伸ばすことにつながります。

›› バランス感覚を磨く「線上歩行」

・床にビニールテープを貼って、その上を歩かせる

POINT ●慣れてきたら、ピンポン玉を乗せたスプーンを持って線上歩行をさせてみる

学力を伸ばしてくれる「知能」のフロー

言語能力や論理的思考力は
学力に直結するだけでなく、
将来の仕事にも必要不可欠です。
「言葉」「数」「絵」の能力を引き出すための
活動を紹介しましょう。

11 古典の読み聞かせ

適齢期▼0カ月〜

時代を超えて歌い継がれる「わらべ歌」は、言葉の知能を発達させるうえで最適です。わらべ歌は、基本的に半音のないシンプルな5音階でできていて、子どもにとっては心地のよい音楽だといわれています。**こうしたわらべ歌をいっしょに歌うことで、「音楽」の知能とともに、「言葉」の知能も伸ばすことができます。**「馬はとしとし」「いちりにりさんりり」などいろいろありますから、YouTubeなどの動画サイトで子どもが興味を持ちそうなわらべ歌を検索してみてください。

わらべ歌と同様、詩や俳句も「言葉」の知能を高めます。**長い年月を経てもなお名作として残る古典は、言葉の美しさや表現力が段違いです。**

たとえば、「あめんぼあかいな」で有名な北原白秋の『五十音』は演劇の発声練習にも用いられるほどリズム感があり、五十音もバランスよく学ぶことができます。中国の古典『論語』を読み聞かせるのもいいでしょう。言葉が話せない子どもでも、反復することによって美しい言葉は脳に記憶され、大きくなってから何かの拍子にその表現が口から出てくるものです。

》『五十音』の歌詞（作：北原白秋）

あめんぼ	あかいな	アイウエオ
うきもに	こえびも	およいでる
かきのき	くりのき	カキクケコ
きつつき	こつこつ	かれけやき
ささげに	すをかけ	サシスセソ
そのうお	あさせで	さしました
たちましょ	らっぱで	タチツテト
トテトテ	タッタと	とびたった
なめくじ	のろのろ	ナニヌネノ
なんどに	ぬめって	なにねばる
はとぽっぽ	ほろほろ	ハヒフヘホ
ひなたの	おへやにゃ	ふえをふく
まいまい	ねじまき	マミムメモ
うめのみ	おちても	みもしまい
やきぐり	ゆでぐり	ヤイユエヨ
やまだに	ひのつく	よいのいえ
らいちょうは	さむかろ	ラリルレロ
れんげが	さいたら	るりのとり
わいわい	わっしょい	ワヰウヱヲ
うえきや	いどがえ	おまつりだ

POINT

- **歌を聞き流すだけでは、記憶には残らない。親がいっしょに歌ったり発声したりすることで、子どもの脳にインプットされる**
- **「五十音」の詞を壁に貼り出しておき、いつでも発音できるようにしておくと、視覚的にも言葉の知能に刺激を与えられる**

12 高速絵本

適齢期▼2カ月〜

子どもがフロー状態になりやすい絵本は、「言葉」や「絵」の知能を伸ばす効果があるので、乳幼児期から積極的に触れさせることが大切です。言葉が話せないうちは絵本を読んでもしかたないと勘違いしている親もいるようですが、生後数カ月の赤ちゃんでも、絵本の読み聞かせをすればきちんと集中します。

また、「うちの子は絵本を読み聞かせても集中しない」と悩む親もいますが、その原因は読むスピードにあるかもしれません。**子どもは絵本を映像として処理しているので、親が文章を読み終える前に飽きてしまうのです。**そういうときは、いつもより速いスピードでページをめくってみてください。すべて文章を読み上げる必要はありません。すると、赤ちゃんは食い入るように絵本を見るようになります。

また、絵本は多読が基本です。とにかくたくさんの絵本を読み聞かせます。赤ちゃんの興味はそれぞれですから、定番の絵本が気に入るとはかぎりません。

まずは図書館でいろいろな絵本を見せて、特に何度も「読んでほしい」とせがんでくる絵本を購入するといいでしょう。

›› 絵本でフロー状態をつくり出す

・子どもが集中しないときは、いつもより速いスピードでページをめくる。すべての文章を読み上げる必要はない

POINT

- 親が好きな絵本を読み聞かせるのもおすすめ。大人が楽しそうに読まなければ、子どもも集中しない
- 子どもは図鑑が大好き。お出かけするときに、ポケットサイズの「草花図鑑」などを持ち歩くと、実物の植物にも興味を持ち、自然にも触れ合える

13 英語絵本

適齢期▼2カ月〜

「3歳までは音や言葉を聞き分ける能力が高い」と述べましたが、英語に苦手意識を持たない子どもに育てたいなら、乳幼児期から英語に触れさせることは有効です。

手軽に取り組める方法のひとつが「英語絵本」です。親の声で英語を読み聞かせることによって、子どもはぐんぐん英語を吸収していきます。こういうと、「私は英語が苦手だし、きちんとした発音もできない」と拒否反応を示す親もいますが、そんなに気にする必要はありません。実際海外に行くと、いろいろな国の人がそれぞれ独特の英語を話し、発音もメチャクチャです。海外留学していた娘も、最初はなかなか聞き取れませんでしたが、さまざまな国の人の英語を聞いているうちに、自然と聞き取れるようになったそうです。**キレイで完璧な英語を話せる必要はありません。**

しかも、子ども向けの英語絵本は、簡単な単語が使われているので、案外英語が苦手な大人でも大丈夫です。なかには、音声CDがついているものもあります。

流暢な英語でも聞き流しているだけでは上達しません。**親の声だから子どもも集中し、英語を覚えていきます。**

≫ 英語絵本を読み聞かせる

・親の声で英語を読み聞かせることによって、子どもはぐんぐん英語を吸収する
・発音を気にする必要はない

POINT

●小さい頃から英語に触れておくと、英語にアンテナが向くようになり、街中を歩いていても英語表記に興味を持つ。また、大人になって外国人に突然話しかけられたときも、臆することなく対応できるようになる

14 絵漢字カード

適齢期▼5カ月〜

多くの大人が「子どもはひらがなを覚えてから漢字を覚える」と思い込んでいますが、実は、**乳幼児にとってはひらがなよりも漢字のほうが覚えやすい一面があります。**

なぜなら、子どもは記号として見たまま暗記するからです。ですから、「薔薇（ばら）」「麒麟（きりん）」といった難しい漢字もずっと目に触れるようにしておくと、きちんと読めるようになります。そういう意味では、ひらがなの「あ」と「お」は形が似ていて判別がしにくいので、子どもにとってはむずかしく感じるようです。ちなみに、私が運営する保育園では、園児のロッカーの名札は漢字で記載しています。

子どもは漢字も記号としてどんどん吸収していくので、乳幼児の頃から漢字に触れさせることをおすすめします。たとえば、小さな用紙に「机」「椅子」と書いて、リビングの机や椅子に貼り付けておく。「これは机ね」と教えていると、漢字のまま記憶していきます。漢字のフラッシュカードを使ってもいいでしょう。

早くから漢字に触れていると、自然と読める本も増えていくので、考える力や知識欲の面で差がつきます。 必ずしもひらがなから教える必要はないのです。

≫ 絵漢字カードをつくる

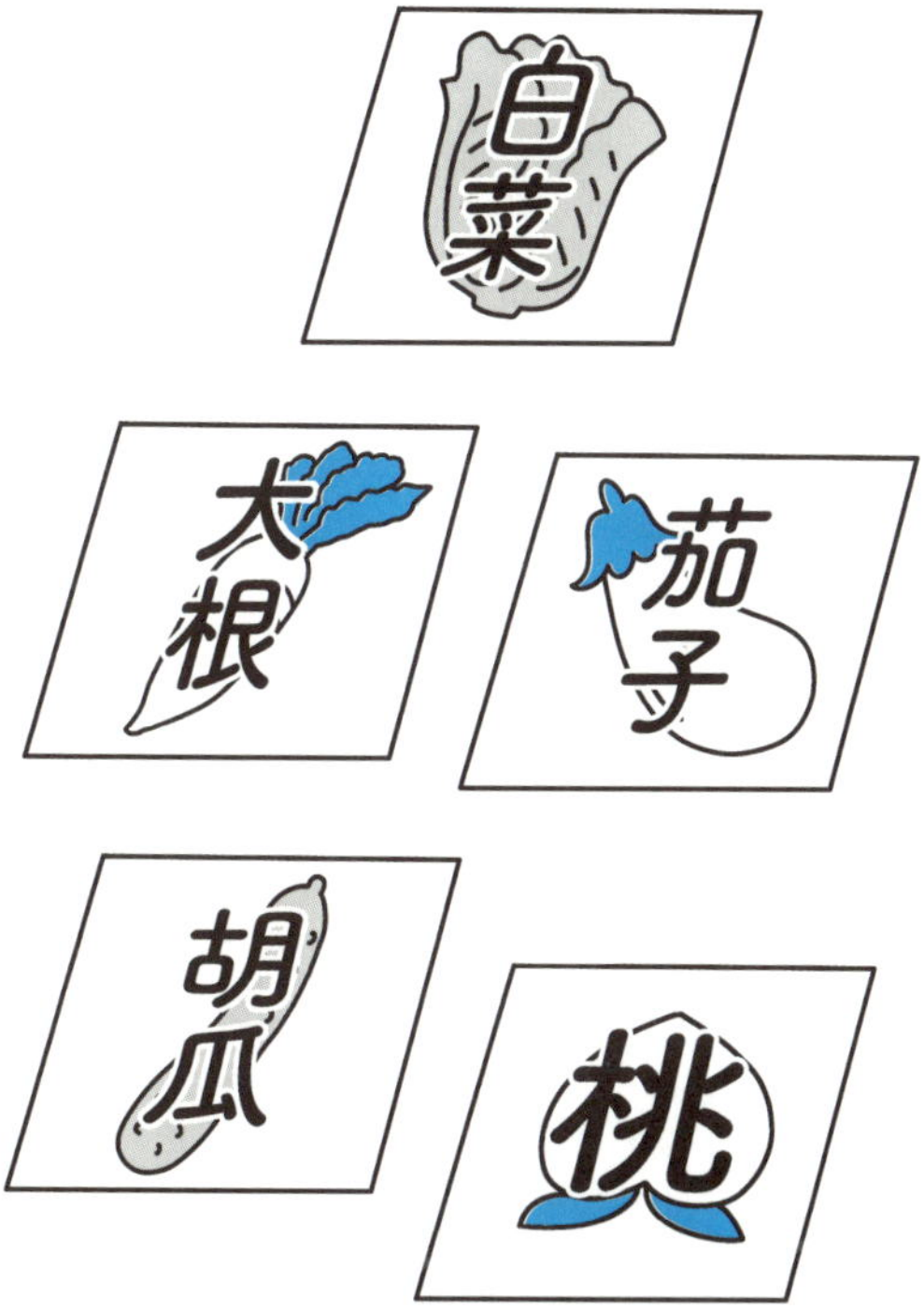

・イラストと漢字をセットにしたカードをつくり、子どもに見せる

POINT
- 漢字とイメージが結びつくので、早く言葉を覚えられる
- 知っている漢字が増えると、普段の生活でも漢字に対するアンテナが立ち、雑誌の文字や街の看板に注目するようになる

15 比較遊び（大小・軽重）

適齢期▼1歳6カ月〜

物事の実際の状態は、言葉と結びつくことによってはじめて理解ができます。たとえば、「大小」の概念は、目の前にあるモノを見るだけでは認識できません。「こっちが大きい」「こっちは小さい」というように、**実物のモノと言葉をセットで整理してあげると、大小の区別について理解できるようになります。**

大小であれば、大きなペットボトルと小さなペットボトルを用意します。そして、「どっちが大きい？　小さい？」などと質問していくと、子どもは実物に触れながら大小の概念と言葉を学んでいきます。

同じく軽重の概念と言葉も、実際に体験することで学べます。片方のきんちゃく袋にはビー玉を5個入れておき、もう片方のきんちゃく袋にはスポンジの玉を5個入れておきます。きんちゃく袋はスポンジのほうが膨らんで見えますが、手に持って比べてみるビー玉の袋のほうが重い、というのは子どもにとって面白い発見です。

実際に体で感じたことは理解も早いですし、「これは重くて1人では持てない。でも2人なら持てる」といった思考も小さいうちから身につくようになります。

》軽重の概念と言葉を体験する

・片方のきんちゃく袋にはビー玉、もう片方にはスポンジの玉を入れておき、子どもに重さの違いを体感させる

POINT ●大小を比べるときは、ペットボトルにかぎらず、同じ形で、なおかつ大小の区別のあるものなら何でもよい

16 比較遊び（長短・高低）

適齢期▼1歳6カ月～

大小や軽重だけでなく、「長短」や「高低」といった感覚も実際の体験と言葉が結びつくことによって理解が進みます。

「長短」については、リボンを使った遊びが効果的です。ほどいた状態のリボン（ビニールひもなど、他のモノでも可）を2本用意します。片方は長いリボン、もう片方は短いリボンです。

まずは長いほうのリボンを子どもに握らせて、手の先からリボンの先端が少しだけ見えている状態にします。そして、「なが〜〜い」と言いながら、リボンを引っ張り出します。**子どもは「長い」という感覚を手のひらで体感し、その言葉を理解していきます。**

次に、短いほうのリボンを同じように手に握らせて、「みじかいっ！」と言いながら引っ張り出します。長いリボンのときの感覚とは違うことを体で理解することができるはずです。

「高低」については、積み木などを使うとよいでしょう。「どっちが高い（低い）かな？」と質問しながら積んでいくことで高低の感覚を認識できます。

≫ 長短の感覚を体感させる

・子どもにリボンの上のほうを握らせる

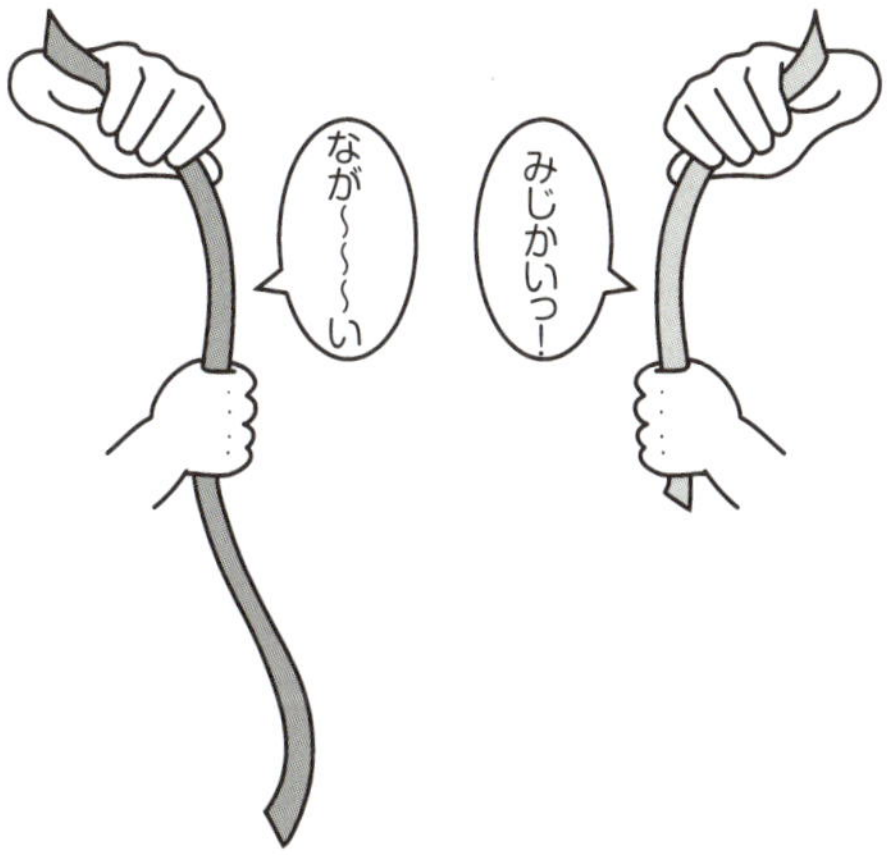

・長いほうのリボンは「なが〜〜〜い」と言いながら、リボンを引っ張り出す
・短いほうのリボンは「みじかいっ!」と言いながら引っ張り出す

17 ダイナミックお絵描き

絵は見ることも大切ですが、描くことによって、空間認識力を伸ばすことができます。

適齢期▼2歳〜

絵を描かせるときに重要なのは、子どもが伸び伸びと楽しく取り組むことです。イヤイヤではフロー状態になりませんし、すぐに飽きてしまいます。絵を描くのがはじめての乳児なら、親が子どもの手を持ち、いっしょに描いていきます。

このときは「トン、トン、トン♪」とリズムをつけながらクレヨンで点を描いていったり、「グル、グル、グル♪」とリズムをつけながら円を描いていったりします。

擬音語などに合わせて描くと、子どもも楽しい気持ちになります。クレヨンや色鉛筆などさまざまな画材を使うと、その違いを体感できます。

絵を描くことに慣れてきたら、たまに画用紙以外の大きな紙（包装紙など）を用意して、自由に描かせることをおすすめします。**「紙の大きさが思考の広さ」でもあるので、大きな紙がキャンバスになると新鮮な気持ちになり、発想も広がっていきます。**

また、壁に紙を貼り、立った姿勢で描くことも、同じく創造性をかき立てます。

›› 子どもといっしょにお絵描き

・「トン、トン、トン♪」「グル、グル、グル♪」などとリズムをつけながらお絵描きをする

POINT

- 包装紙など大きな紙に描かせると「思考の広さ」につながる
- 子どもは放っておくと、床や壁などにも絵を描いてしまう。それを防ぐためにも、事前に「紙の上だけだよ」と枠組みを伝えておき、約束を守らなかった場合は、すぐにお絵描きの時間を中止する

Chapter 6

18 ひのきの湯玉

適齢期▼2歳〜

子どもといっしょにお風呂に入るとき、「10まで数えてからあがろうね」と言って、数えさせることがよくあります。しかし、**言葉で数え上げるだけでは暗唱できるようになるだけで、数の知能を伸ばすことはできません。**

そこでお風呂場でおすすめしたいのが、「ひのきの湯玉」を使った数遊びです。ひのきの木でつくった玉で、本来はひのきの香りを楽しむためのものですが、子どもは湯船に沈めても浮かび上がってくる湯玉が大好き。お風呂が苦手な子どもにもおすすめのアイテムです。

一般に3歳くらいまでに数字の「3」までの概念が理解できればいいとされていますが、ひのきの湯玉を使えば、効果的に数字を認識させることができます。

湯船の中でひのきの湯玉を使い、「1個ちょうだい」「2個渡すね」といったやりとりをすることによって、子どもは「これが1の意味なんだ」と数字の概念を理解していきます。

もちろん、お風呂場でなくても、お菓子などを使って同じような方法で数の概念を教えてもいいでしょう。

» お風呂場で数遊び

・湯船の中でひのきの湯玉を使って、「1個ちょうだい」「2個渡すね」といったやりとりをする。そうすることで数字の概念を理解していく

POINT ●湯玉はツルツルしていてつかみづらいため、手指の巧緻性や力加減を鍛える効果もある

19 展開図

適齢期▼2歳6カ月～

展開図や立体図形などはよく学校の算数で出される問題ですが、多くの子どもが苦手としています。それは、立体でとらえる空間認識力に欠けることが原因でしょう。

乳幼児期に「絵」の知能を伸ばすことで、こうした問題を苦にしなくなり、空間認識力も高まります。**空間認識力は、芸術やスポーツ、論理的思考などさまざまなジャンルで活かされる能力です。**

空間認識力を高める遊びのひとつが、展開図に触れることです。まずは、身のまわりにあるものを展開してみましょう。たとえば、ティッシュペーパーやお菓子の箱を解体していくと、平面になります。まずは立体と平面の関係を理解するのです。

慣れてきたら展開図をつくることに挑戦してみましょう。お菓子の箱（積み木などでも可）など四角の物体を用意します。箱を画用紙の上に置き、輪郭をペンでなぞっていきます。これをすべての面について行うと展開図ができあがります。そして、展開図をはさみで切り取り、箱の形になるように組み立てていきます。**最初はむずかしく感じるでしょうから、親がお手本を示しながらいっしょに取り組むといいでしょう。**

展開図で遊ぶ

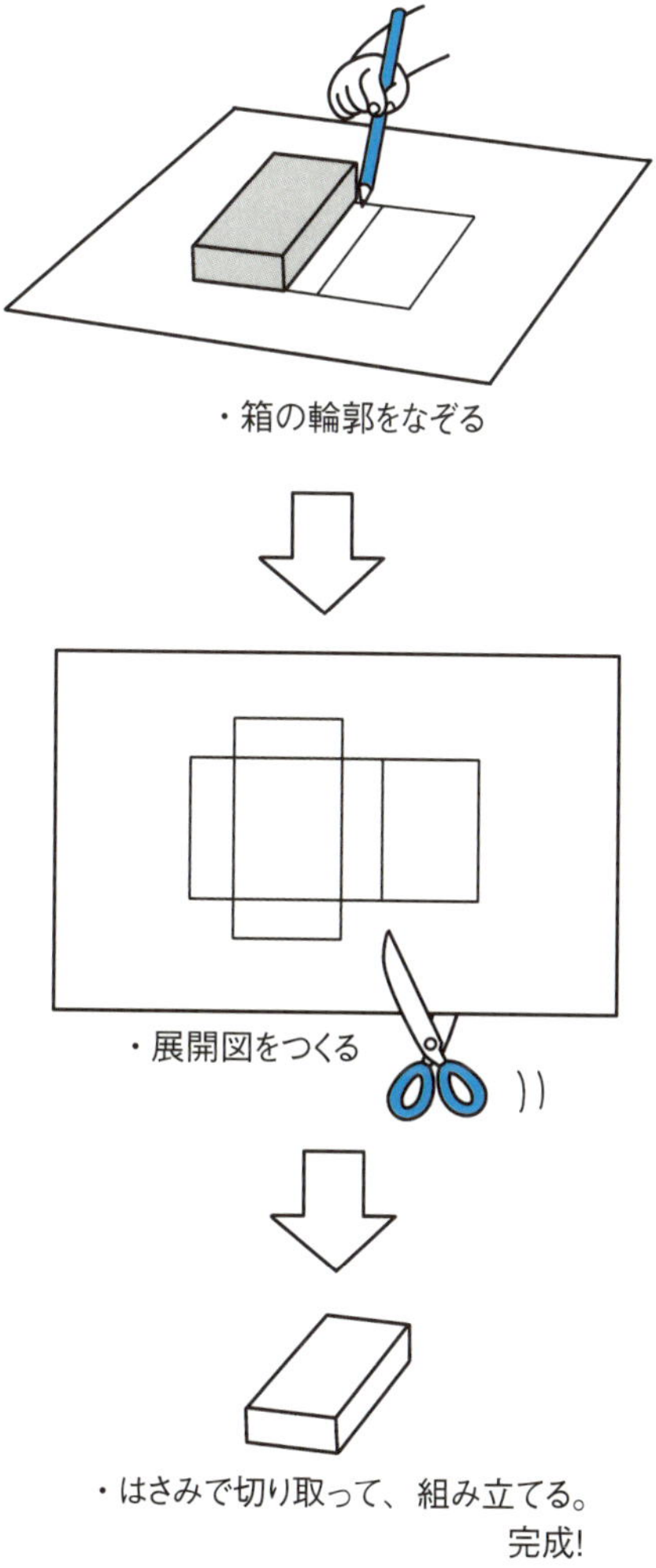
・箱の輪郭をなぞる
・展開図をつくる
・はさみで切り取って、組み立てる。
完成!

20 ゼロ遊び

適齢期▼3歳〜

「ゼロ」の数字の概念は、大人は当たり前のように理解していますが、乳幼児は「ゼロ＝ない」とすぐには理解できません。そこで、遊びを通じてゼロの概念を教えることによって、「数」の知能を伸ばすことができます。

拍手を使ったゼロ遊びもそのひとつ。「1鳴らそう」と言ったら拍手を1回、「2鳴らそう」と言ったら拍手を2回、「ゼロ鳴らそう」と言ったら拍手をしないというルールを決めておくと、**「ゼロ＝なし」という感覚を体で学べます。**

ほかにも、カードを使ったゼロ遊びもあります。0〜3までの数字を書いたカードを用意し、子どもにカードを引いてもらいます。そして、「その数と同じ数のどんぐり（他のモノでもかまいません）を手に取ってね」と伝えます。すると、ゼロのカードを引いた子どもは目の前のどんぐりをつかめず、何もできません。

ゼロの概念を認識すると、「ゼロになったらおしまい」ということも理解できます。たとえば、お風呂で「10数えたら出るよ」と言ってカウントダウンすると、自分から納得してお風呂からあがってくれます。

≫ カードを使ってゼロの概念を教える

・0〜3までのカードを子どもに引かせる

・引いたカードの数だけどんぐりをとらせる

POINT ●ゼロのカードを引いた子どもは目の前のどんぐりをつかめないため、ゼロの概念を認識できる

豊かな心が育つ「感性」のフロー

センスは生まれついての才能ではなく、
乳幼児期に育むことができるもの。
「自然」「感覚」「音楽」の
能力を引き出すための
活動を紹介しましょう。

21 マラカスシェイク

適齢期▼3カ月～

赤ちゃんは、コップやお皿を叩くのが好きです。叩くことによっていろいろな音がすることが楽しいのはもちろん、**聴覚の能力を伸ばしたがっているサインでもあります。**

乳幼児期にさまざまな音を聞かせることによって聴覚が発達していき、将来、言語の聞き取り能力や音楽の才能にもつながっていきます。

市販のガラガラや鈴などに飽きてしまうようだったら、身近にあるもので手づくりのマラカスをつくることができます。

ペットボトルなどでもいいのですが、赤ちゃんの手でもつかみやすい化粧水のボトル（ビンではなく、プラスチックの軽い容器）がおすすめです。１００円ショップでも購入できます。

容器の中身は、お米や大豆、小豆、ビーズ、小石、水などがいいでしょう。異なる音が出るものが理想です。

まずは親が振って、いろいろな音を聞かせてみてください。中身や振るときの力加減やリズムによっても音が異なるので、子どもは楽しんで振ってくれます。

≫ 手づくりのマラカスをつくる

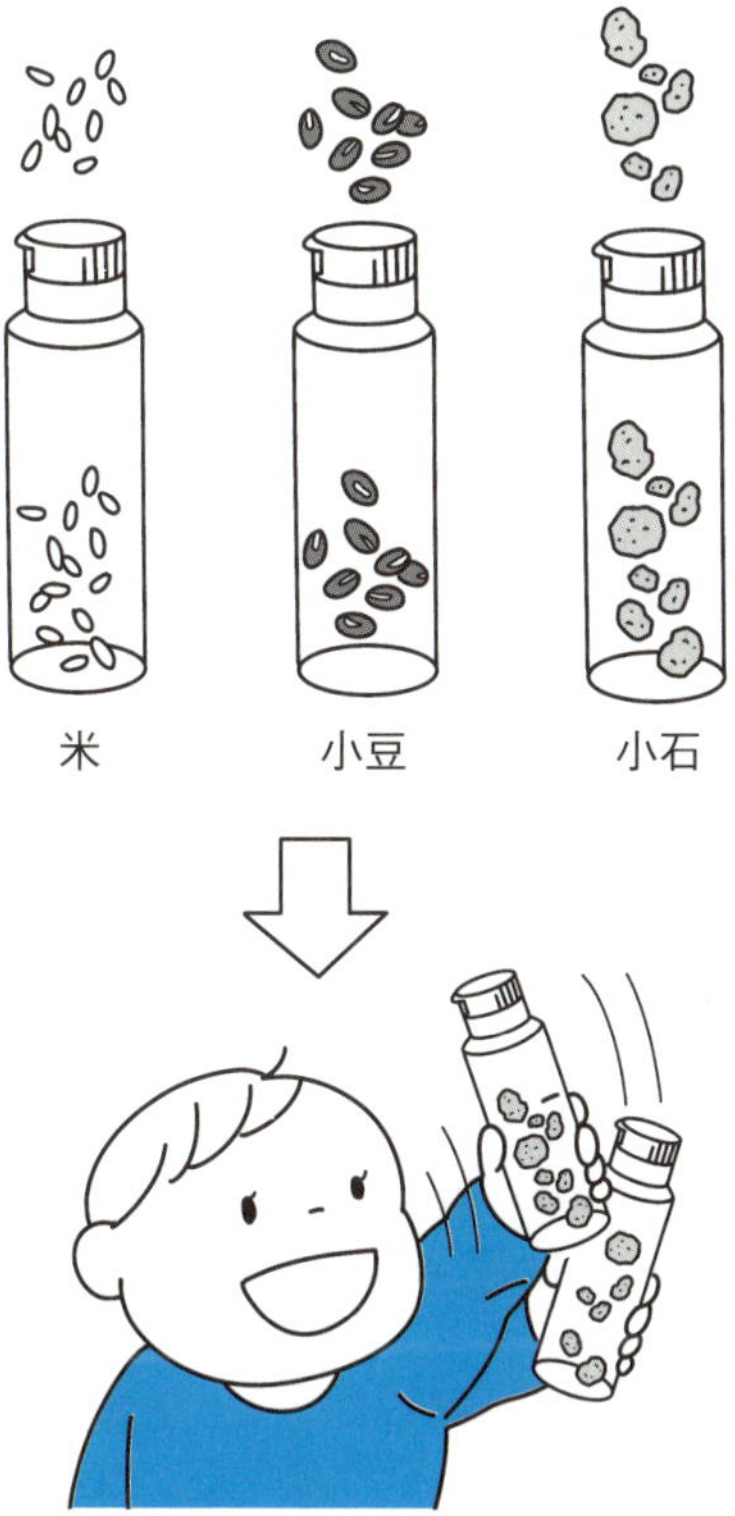

・小さめのボトルに異なる音が出るものを入れて、容器を振らせる

22 リズム遊び

適齢期▼3カ月〜

音楽を使った遊びには数多くありますが、ここでは子どもといっしょに楽しみながらできるリズム遊びを紹介しましょう。

子どもが好きなCDをかけ、「音楽が止まったらストップして、動くのをやめてね」とルールを教えておきます。音楽がいつ止まるか予測できないので、子どもは緊張感を持って、音楽に集中します。そして、実際に音楽が止まり、体の動きをストップできると、子どもは即座に反応して止まれたことに達成感を得ます。このリズム遊びは、保育園などでもよく行っていますが、みんな夢中になって喜んでいます。

親がピアノやオルガンを弾けるようなら、親の演奏に合わせてリズム遊びをしてもいいでしょう。**「曲が早くなったら早歩き」「曲が変わったら逆回り」などバリエーションをつけると、さらに集中力や反射神経が必要になり、子どもも楽しめます。**

子ども用の曲だけでなく、親の好きな曲でもよいのでいっしょに歌ったり踊ったりするのも、自分の気持ちを表現するひとつの手段として効果的です。

子どもに人気の「リズム遊び」

・子どもが好きなCDをかけ、「音楽が止まったらストップして、動くのをやめてね」と伝えておく

・ランダムに音楽を止めると、子どもは体の動きをストップする

POINT

●ピアノやオルガンが弾けるなら「曲が早くなったら早歩き」「曲が変わったら逆回り」などバリエーションをつけることもできる

23 匂いあてクイズ

適齢期▼1歳〜

乳幼児期から嗅覚の刺激を受けることで、成長してからも匂いからさまざまな情報を得られるようになります。

たとえば、**料理を食べるときも、嗅覚から多くの情報を得られるほうが、味わい深く感じられます。**

もちろん、料理をつくるときにも役立つでしょう。

モンテッソーリ教育には、「嗅覚筒《きゅうかくとう》」という教具があり、数種類の匂い（ハーブ、しょうが、シナモン、オリーブ、ローリエなど）を2本ずつ準備します。その中から同じ香りを探していきます。こうした体験を通じて、匂いに対する感覚を伸ばしていくのです。

このような教具を用意しなくても、家にあるもので大丈夫です。

たとえば、料理をしているときに、しょうがをすりおろしたものや、カレーに入れる香辛料の匂いをかがせるようにする。また、お花の香りをかがせてもいいでしょう。

ふつうに生活していると、わざわざ匂いをかぐという行為はしないので、意識して匂いをかがせるだけでも大きな効果があります。

≫ 嗅覚を刺激する体験

しょうがのすりおろし　　香辛料　　お花の香り

Chapter
7

POINT ●他にも、風、石けん、机などの匂いをかがせるのもおすすめ

24

飼育体験

適齢期▼1歳2カ月～

動物や植物などの生き物を育てる体験も「自然」の知能を伸ばすことにつながります。最近、カブトムシがいきなり成虫になると思っていたり、スライス肉や魚の切り身がもともと動物であることを意識していない子どもが増えているのは、生き物に触れる機会が減っていることが理由のひとつなのでしょう。

家で飼える動物は、犬、猫、ハムスター、亀、魚、鳥などさまざまですが、乳幼児期に生き物を育てる経験をすることは、**命の大切さを学べるだけでなく、生き物とのコミュニケーションを通して、人の感情の変化にも気づきやすくなるというメリットがあります。**

育てるのは植物でもいいでしょう。庭のないマンションでも、プランターを使った野菜栽培なら可能です。ミニトマト、ナスなどの野菜が育っていく過程を日々観察することは発見の連続ですし、水をあげないと枯れてしまうことから責任感も芽生えます。

保育園でラディッシュを園児と育てたところ、子どもがあまり好まない苦い味であるにもかかわらず、残さずに食べていました。収穫した野菜を食べることは、人間が生き物の命をいただくことで生かされていることを知るきっかけにもなります。

›› 家で植物を育てる

・ヒヤシンスやサフランなど水栽培が可能な球根を育てる

・プランターを使って野菜を栽培するとさまざまな発見があり、責任感も芽生える

POINT ●水栽培は、透明なガラス容器などで育てると、球根から根が伸びていき、成長していくことを視覚的に観察できる

25 草花で色水遊び

適齢期▼1歳6カ月〜

自然の中には、家に閉じこもっていては体験できない刺激や発見がいっぱいで、子どもが集中できることがたくさんあります。

公園などに行くと、季節ごとにさまざまな花が咲いています。匂いをかいだり、触ったりするだけでも発見があります。たとえば、椿の花は、何枚も花びらをめくりとることができるため、子どもたちは花びらをはがすことに夢中になるのです。

花びらをすり潰すのも、子どもが好きな遊びのひとつ。１００円ショップで売っているような小さめのすり鉢とすりこぎ棒を使って花びらをすり潰す感触は、子どもには面白いと感じられます。さらに、そこに水を入れると、水が花びらの色に変化していきます。花の種類や数、すり潰し方によって色の出方が異なるので、子どもはいろいろと試したくなるのです。花だけでなく、葉っぱや雑草でもいいでしょう。

葉っぱを使って「葉拓《ようたく》」をとるのもおすすめ。紙の下に葉っぱを置き、絵の上から鉛筆でこすっていくと、葉脈が浮かび上がってきます。さらにその葉拓に色鉛筆や絵の具で色づけしても楽しいでしょう。

»花びらをすり潰して変化を楽しむ

・花びらをすり鉢に入れる

・すりこぎで潰す

・水を入れると色水に

・花びらをポリ袋に入れる

・花びらをすり潰して水を入れる

・色の変化を楽しむ

POINT ●すり潰す花は、椿やパンジーなど花びらがやわらかいほうが潰しやすい

26 早朝散歩

適齢期▼1歳6カ月〜

朝は、1日でいちばんあわただしい時間かもしれません。保育園に預けるために、必死の形相で自転車のペダルをこぐ親の姿を見かけることもあります。大変な状況を理解したうえで提案したいのは、子どもといっしょに早朝散歩を楽しむことです。

早朝のひんやりとした空気や匂いは格別です。昼間や夜では感じられない新鮮さを体感できます。また、毎朝、散歩していると気温や草花など四季の変化にも目が向きます。

たとえば、春先に花の香りを感じながら散歩することは、子どもの自然に対する感性を育むことになりますし、大人にとってもリフレッシュ効果があります。

「朝はとてもそんな余裕はない」ということであれば、保育園に預けるついででもかまいませんし、休日だけでもいいでしょう。

早朝散歩には、朝日を浴びることでセロトニンが分泌されるというメリットもあります。セロトニンとは、脳内の神経伝達物質のひとつで、心のバランスを保ち精神を安定させたり、睡眠の質を高めたりする役割を担っているといわれます。

》朝の散歩の効果

・早朝散歩でセロトニンが生成

・日中は活発に

・心が安定する

・睡眠の質が高まる

POINT

● セロトニンは睡眠ホルモンである「メラトニン」を生成する材料になるため、睡眠の質を高める効果もある

27 砂遊び

適齢期▼1歳6カ月〜

最近は衛生上の理由から、砂場で遊ばせないお母さんが増えていると聞きます。それどころか、「汚ない！」といって、草花や土、虫など自然物に触らせることに抵抗を感じる親も少なくないようです。

気持ちは理解できなくもありませんが、子どもの頃に触れる機会のなかったものは、大人になってからも触ることに抵抗を感じるものです。私自身、虫が怖くて触れないのですが、幼児期に虫に触ることなく成長したからだと思います。

土や虫に触れなくても生きていくことはできますが、乳幼児期の触覚から得られる情報はたくさんあります。

たとえば土ひとつでも、泥のぬめっとした感覚や匂い、砂のさらさらとした感覚など、微妙な感触の違いは子どもの感性を刺激します。

自然との触れ合いは、創造力も育みます。砂場で山をつくってトンネルを掘り、水を流して川をつくる……。砂だけでも子どもなりにストーリーを生み出します。**こうした〝クリエイティブ〟な経験が、将来、仕事のアイデアや企画力にもつながっていくはずです。**

›› 砂遊びはクリエイティブな発想を育む

・砂遊びの最中は子どもなりにストーリーをつくり出し、楽しんでいる

⇩

・砂遊びでのクリエイティブな経験が、将来、仕事のアイデアや企画力にもつながる

28 料理で感覚トレーニング

適齢期▼2歳〜

料理をするとき、わざわざサークルで柵をつくって、子どもをキッチンに入れないようにしていないでしょうか。だとしたら、もったいない！　食べ物に直接触れることは、「自然」に触れることでもあります。食材の触感や匂い、色など五感を存分に刺激してくれます。

子どもには料理のお手伝いをしてもらいましょう。子どもはちぎったり、割《さ》いたりする行為が大好きです。たとえば、レタスやキャベツをちぎる、こんにゃくをちぎる、しめじやマイタケを割く……。**食材の感触を楽しむだけでなく、料理ができあがるプロセスに携わることで料理に興味を持ちます。**また、自分がお手伝いした料理は、おいしく感じるようで、残さずに食べます。

そのほか、食材をお鍋に入れたり、混ぜたり、すりこぎですり潰すくらいなら小さな子どもでもできるでしょう。

3歳くらいになったら、子ども用の包丁で食材を切る体験をさせます。食材を切るときの感覚や形が変わっていく様子は、子どもの感性を大いに刺激します。

≫ 料理を通じて五感が刺激される

・食材をちぎったり、割いたりさせる

POINT

- キッチンの片隅などに「お手伝いコーナー」をつくる。汚されてもいいようにピクニックシートを敷いておけば、キッチンを汚されてストレスがたまることもない
- お手伝いのあとは、「ありがとう。助かるよ」「手伝ってくれてうれしいよ」と声をかける。人の役に立つことの喜びを味わうと、お手伝いを嫌がらない子どもになる

29 楽器を楽しむ

適齢期▼2歳〜

「音楽」の知能を伸ばすには、さまざまな音楽CDを聴かせることも大切ですが、**子ども自身が楽器を演奏したり、体を動かしながら歌ったりするなど、能動的な音楽体験をさせることも効果的です。**

保育園で生バンドの演奏会を行ったとき、音楽を聴きながらマラカスでリズムをとっている子や演奏に合わせて躍り出したりする子がいました。自分では動けない乳児の中にも、体をぴくぴくさせて、何かを表現したい衝動に駆られている子もいました。

CDを受動的に聴くだけでは得られない感覚も重要なのです。

小さい子ならマラカス、鈴など持ちやすい楽器、少し大きくなったらカスタネット、タンバリン、太鼓、ラッパなどの楽器を与えてみましょう。特にラッパは腹式呼吸や「息を吹く」という行為が身につきます。

音楽は楽しいのがいちばん。親もいっしょに歌ったり、楽器を演奏したり、体を動かしたりしてみましょう。音痴でも音程を外しても、気にする必要はありません。乳幼児期に音楽に触れることで、子どもは音楽が好きになっていくはずです。

≫楽器で音楽の才能を伸ばす

・小さい子ならマラカス、鈴など持ちやすい楽器がおすすめ

・ラッパは腹式呼吸や「息を吹く」という行為が身につく

POINT

- 音楽の知能は、CDを受動的に聴くだけでは十分に引き出せない
- 親もいっしょに歌ったり、体を動かしたりすることで、子どもも音楽が好きになる

30 秘密袋

適齢期▼2歳5カ月〜

五感の中でも、特に「触覚」を刺激する遊びを紹介しましょう。きんちゃく袋を2つ用意します。中身が見えないようにゴムでとじられる袋が理想です。この袋の中には、手触りの違うものを数個入れます。たとえば、洗濯ばさみ、どんぐり、消しゴム、スポンジなど……。もうひとつのきんちゃく袋の中にも、同じものを入れておきます。

準備ができたら、親が片方のきんちゃく袋の中から、1つだけ中身を取り出します。どんぐりだとしたら、「これと同じものを、あなたのきんちゃく袋から出してごらん」と子どもに声をかけます。このとき、袋の中を見ずに、手の感触だけで取り出すようにさせます。すると子どもは、手触りだけで該当のものを探し出しそうとします。**目で確認できないので、触覚の神経を研ぎ澄ますことにつながるのです。**

同じことは布を使ってもできます。ツルツル、フワフワ、モコモコなど異なる触感の布を2つ用意し、目隠しした状態で、同じ肌触りの布を子どもに探させます。

このとき、**「ツルツルだね」「フワフワだね」**などと擬音語を使うことによって、**子どもの脳に言葉とともに触感がインプットされやすくなります。**

触覚を刺激する「秘密袋」

・袋の中に、洗濯ばさみ、どんぐり、消しゴム、スポンジなど手触りの違うものを数個入れておき、同じものを子どもに手の感触を頼りに取り出させる

POINT
● 「カチカチだね」「フワフワだね」などと擬音語を使うと、言葉とともに触感がインプットされやすい

人間関係に恵まれる「社会性」のフロー

コミュニケーション能力は
すべての能力の基礎部分。
「社会性」が高いと、ステキな人に囲まれ
人生が豊かになります。
「自分」「人」の能力を引き出すための
活動を紹介しましょう。

31 手鏡遊び

適齢期▼0カ月～

他人と良好な人間関係を築くには、他人の感情やその変化に気づく必要があります。相手の気持ちがわかるからこそ、相手を気使った対応をとることができます。ただ、相手の気持ちを知るには、自分自身のことをよく知っていなければなりません。自分の気持ちや価値観さえ理解できないようであれば、まわりの人の気持ちを推し量ることはむずかしいでしょう。大人でも、人間関係がうまくいっている人は、普段から内省し、自分自身のことをよく知っているものです。

同じことは赤ちゃんにもいえます。**まずは「自分」のことを知ることで、他人のことを知り、良好な関係を育くむことができます。**

自分を知る第一歩として、まずは手鏡で子どもの姿を見せてあげましょう。自分の容姿を見ることで、「私（僕）はこんな姿をし、存在しているんだ」と認識できます。手鏡がいいのは固定の大きな鏡と違って、いろいろな角度から自分を観察することが可能だからです。手鏡に姿を映すと、多くの子どもはじっと集中して鏡に映った自分の顔を見つめています。**自分と向き合う時間は、赤ちゃんにとってもとても貴重な体験なのです。**

手鏡で自分を観察させる

・手鏡のメリットは、いろいろな角度から自分を観察できること

POINT ●手鏡で自分の姿を見るのは、自分を知る第一歩

32 いないいないばあ

適齢期▼2カ月～

「いないいないばあ」は遊びの定番ですが、赤ちゃんは喜び豊かな表情を見せてくれます。楽しそうな顔が見たくて、自然といないいないばあをしている親は多いでしょう。単純な遊びのようで、実はいないいないばあは自分以外の「人」を意識する機会でもあります。何度も繰り返すことで信頼関係も深まります。

手のひらやタオルなどで顔を隠すと、赤ちゃんは「一時的に相手が見えないけれど、すぐにママの顔が出てくるはず」と予測します。そして、数秒後その通り現実になるからキャッキャと喜びます。「いつ顔が出てくるのかな」とワクワクしているのです。

いないいないばあは何度やっても喜びますが、ずっと同じことの繰り返しだとさすがに飽きてきます。

それを防ぐために、**タイミングを変えてみましょう。たまに顔を隠す時間を長くするのです。**すると、子どもは「あれ？　本当にいるのかな？」と疑い、さらに集中します。

また、親が顔を隠すのではなく、子どもにタオルなどをかぶせて、自分のタイミングでタオルをとらせるようにしても喜びます。

≫ 他人を意識させる「いないいないばあ」

・顔を隠すと、赤ちゃんは「一時的に相手が見えないけれど、すぐにママの顔が出てくるはず」と予測する。

・予測通りに親の顔が出てくるから、子どもは喜ぶ

POINT ●いないいないばあのタイミングを変えると、マンネリを防ぐことができる

33 言葉のキャッチボール

適齢期▼3カ月〜

子どもが言葉を話せないからといって、一方的な対応をしてはいけません。たとえば、おもちゃを片づけるために、子どもが持っているおもちゃを「ちょうだい」といって取り上げる……。これをしてしまうと、子どもは「強引に取り上げられた」という印象しか残りません。赤ちゃんといえども、1人の人間です。**言葉のやりとりを通じてコミュニケーションをとるように心がけましょう。**

手に持っているおもちゃを渡してほしいときは「このおもちゃ、ママにちょうだい」と声をかけて、手を出します。すぐにはおもちゃを離してくれないかもしれませんが、強引に取り上げず、できるかぎり待ちます。渡してくれたら「ありがとう」と伝えます。もし離してくれなかったら、「あとでいいよ」とあきらめます。

あくまでも子どもの意思に任せるのがポイント。

こうしたやりとりを通じて、子どもはコミュニケーションを学ぶと同時に、相手を信頼するようになります。

まずは親が子どもを信じること。でなければ、子どもは親を信じてくれません。

≫ 親子の信頼関係を築くコミュニケーション

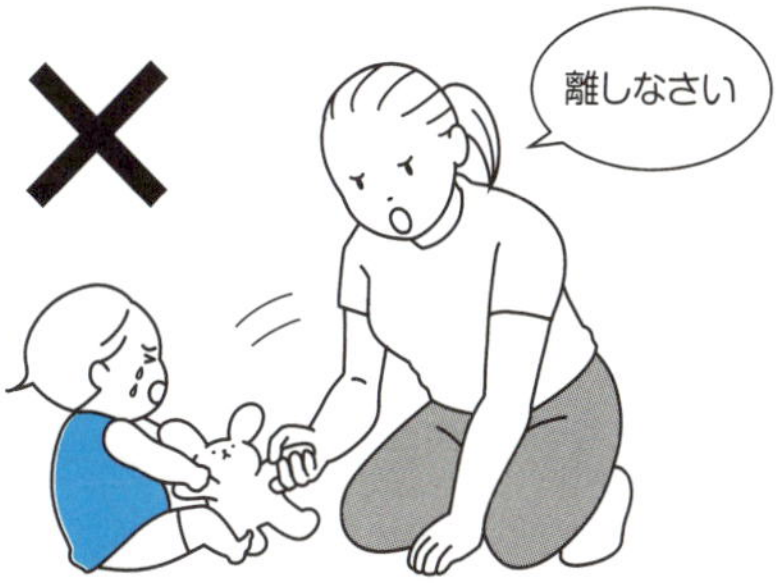

・おもちゃを強引に取り上げると、子どもとの信頼関係を築けない

・子どものほうが手を離すように、待つことが大事

POINT

- おもちゃを渡してくれたら「ありがとう」と伝える
- もし離してくれなかったら、「あとでいいよ」とあきらめてもいい

34 異年齢交流

適齢期▼3カ月〜

Chapter2でも述べましたが、今の日本は核家族化が進み、両親以外の大人と関わりをもたない子どもが増えています。それは大人にとっても辛い状況です。私自身も子どもが小さい頃は、家族以外との交流がほとんどありませんでした。その寂しさから、公園で出会った他の親子に手当たりしだいに声をかけていた時期もあります。

子どもは、いろいろな価値観があることを学ぶことによって、自分以外の価値観を受け入れ、他人と上手にコミュニケーションをとれるようになっていきます。

ふだんから仲のよい家族がいれば、キャンプなどイベントにいっしょに出かけて、両親以外の大人と交流できる機会をもってみてはいかがでしょうか。

お稽古事に積極的に参加するのもいいでしょう。同じお稽古事なら共通の話題も尽きないので、大人同士も仲良くなれます。地域のコミュニティーやサークルに参加するのもおすすめです。

老若男女が集まる場で、さまざまな価値観に触れることで、子どもは物怖じしなくなり、将来、良好な人間関係を構築する土台をつくることができます。

≫キャンプは交流の絶好の機会

・キャンプは共同作業が多いので、子どもにとってさまざまな年代の人とコミュニケーションをとるのに最適のシチュエーション

POINT ●その他、お稽古事や地域のコミュニティー、サークルに参加するのもおすすめ

35 仲間探し

適齢期▼1歳〜

子どもは、自分と他人が異なる存在であることを認識することによって、「自分」という存在を強く意識することができます。つまり、**それぞれの違いを知り、区別することは自分を知る大事なステップです。**

「仲間探し」は、違いを区別するゲームのひとつです。たとえば、男の子と女の子の写真（イラスト）を複数枚用意し、自分と同じ性別である「男の子（女の子）」を選ばせます。「子ども」と「大人」で分けさせてもいいでしょう。これを発展させ、「くだもの」と「野菜」、「動物」と「魚」を分けさせたりしても子どもは夢中になります。

実物を使う方法もあります。たとえば、家にあるおもちゃやボールの中から「赤色のものを選んで」「今度は青色のものを選んで」と指示し、仲間探しを体験させます。また、お手伝いのついでに「○○ちゃんの洗濯物とパパの洗濯物を分けて」と選別させる方法もあります。

こうしてカテゴリー分けをすることによって、世の中には「自分」以外にいろいろな仲間があることを学んでいくことができます。

≫ 自分と他人を区別する「仲間探し」

・カードを使って、同じ仲間を選ばせる

POINT ●カードの他にも、ボールや洗濯物などの実物を使って仲間分けをするのも楽しい

Chapter
8

36 粘土遊び

適齢期▼1歳5カ月〜

子どもは粘土遊びが大好きです。自分の意思で次々と粘土の形を変えることができるのが楽しいのでしょう。放っておくと、無心でいつまでも遊び続ける子どもも少なくありません。

みなさんも幼少期の記憶が残っているかもしれませんが、粘土遊びに夢中になっているときは、自分なりのストーリーを頭の中で想像するなど、自分の世界に没頭しているものです。

何かに没頭する時間は、「自分」と向き合うのには最適です。大人でも陶芸などに打ち込んでいるときは、邪念が消えてリセットできる感覚があると思いますが、子どもにとってもそうした時間は、自分の気持ちに気づき、感情をコントロールするためにも大切です。

粘土にかぎらず、泥遊びや水遊びも没頭しやすい遊びです。

粘土に代わりにスライム（水晶粘土）などを使ってもいいでしょう。

》自分の世界に没頭できる「粘土遊び」

・粘土をこねていると、自分なりのストーリーを頭の中で想像するなど、自分の世界に没頭する

POINT ●没頭しやすい遊びには、泥遊びや水遊び、スライム（水晶粘土）などもある

Chapter
8

37 ゴム遊び

適齢期▼1歳5カ月〜

長めのゴムが1本あると、いろいろな遊びができます。子どもを含めて3人以上いるなら、ゴムを引っ張り合う遊びがおすすめ。

輪になったゴムをそれぞれが握り、ゴムを引っ張り合います。1人が強く引っ張ればその他の人は体勢を崩し、倒れそうになります。**こうした経験を通じて、他人によって自分が影響を受け、逆に自分の動きが他人に影響を与えることを学びます。**

子どもが小さくてゴムを握れない場合は、親が抱っこした状態でいっしょにゴムを握るようにするといいでしょう。

子どもが何人か集まったときは、いっしょに活動できる遊びをすると、「人」の知能を刺激し、子どものコミュニケーション能力を伸ばすことができます。

ママ友と食事会などをする機会もあると思いますが、ママ同士で話しているだけではもったいない！　せっかくのチャンスですから、複数でできる活動を取り入れてみましょう。

幼稚園で人気のパラバルーン（布のふちを集団でタイミングよく上下や回転させたりする遊具）も、家のシーツや大きな布を使えば真似事ができます。

》他人を意識する「ゴム遊び」

・輪になったゴムをみんなで握り、引っ張り合う

POINT
●力の入れ具合によって、自分や他人が体勢を崩すことになるので、お互いが影響を与えあっていることを学べる

38 感情表現カード

適齢期▼1歳6カ月～

小さな赤ちゃんが大きな声で泣き始めたり、癇癪を起こしたりするとき、その理由や感情はさまざまです。悲しいのか、悔しいのか、怒っているのか、つまらないのか、さびしいのか……。親も何が原因なのか、困惑することもあるでしょう。

子どもと会話による意思疎通が十分にできない時期は、「感情表現カード」を使ってみましょう。「悲しい」「怒っている」「つまらない」「楽しい」などの感情を顔で表現したカードを用意し、「いま、どんな気持ち？」と尋ねます。そして、自分の感情に近いカードを選んだら、「つまらないから泣いていたんだね」などと共感してあげます。

感情表現カードを使うことで、子どもは自分の感情を整理できます。「悲しいから泣いていたんだ」「楽しいから笑っていたんだ」と気づくことは心の成長の大事なステップです。**また、親に自分に気持ちをわかってもらうと、子どもは安心し、精神的な安定にもつながります。**

ちなみに、感情表現カードは、本来自閉症などの子どもを対象としたツールですが、このように自分の感情を見つめ直すツールとしても活用することができます。

コミュニケーションを促す「感情表現カード」

・感情を顔で表現したカードを用意し、自分の感情に近いカードを選ばせる

POINT

- **カードを引いたら、「つまらないから泣いていたんだね」などと共感してあげる**
- **感情表現カードは、たくさんありすぎると混乱するので4〜5種類くらいがベスト**

39 汽車ごっこ

適齢期▼2歳～

汽車ごっこも、子どもに人気の遊びのひとつです。

2人以上が縦一列に並び、鉄道車両に見立てたロープやひもの輪の中に入り、いっしょに移動します。子どもの思うままに動くこともあれば、目的地を決めて移動することもあります。

単純な遊びですが、複数の子どもがいっしょにスムーズに移動しようと思えば、足並みをそろえないといけません。歩くのが遅い子どもがいれば、その子に合わせる必要があります。また、新しく輪に入りたい子どもや輪から出たい子どもにも対処しなければなりません。自分本位で動けば、転んだり、怒ったりする子があらわれます。先頭の車掌役を誰が担当するかでも、もめる可能性があります。

いずれにしても、**楽しく遊ぶためには他のメンバーのことを考え、コミュニケーションをとることが大切なのです。**

子どもが複数集まったときは、ぜひ汽車ごっこをしてみましょう。もちろん、大人が参加しても楽しいですよ。

»「汽車ごっこ」でコミュニケーションを学ぶ

・鉄道車両に見立てたロープやひもの輪の中に入り、いっしょに移動する

POINT

●楽しく遊ぶためには他のメンバーのことを考え、コミュニケーションをとることが大切であることを認識できる

40 自分の分身をつくろう

適齢期▼3歳〜

子どもに体を意識させることも「自分」と向き合うための大切なステップです。**自分の体を客観的に見ることで、今の自分を知ることにつながります。**

たとえば、子どもの全身をかたどった絵を描いてみましょう。幼稚園でこの作業をよくさせていましたが、子どもたちに大人気でした。

大きなサイズの模造紙（包装紙などでも可）を用意します。その上に子どもを寝かせて、体のラインに合わせて全身をペンでかたどります。そして子どもに等身大の自分を描かせます。幼稚園の園児たちは、自分の好きな色や形の服を着せたり、理想の髪型や髪飾りを描いたりして楽しんでいました。なかには、できあがった絵を人形のように大切に扱い、話しかけたりしている子もいました。自分の体を俯瞰してとらえる機会があまりないからか、さまざまな反応が見られます。

もっと簡単な方法としては、「手形をとる」という遊びもあります。手の輪郭に沿って手指をかたどることで、同じく自分の体を客観視することにつながります。粘土で手形をとってみてもいいでしょう。

≫等身大の自分を描く

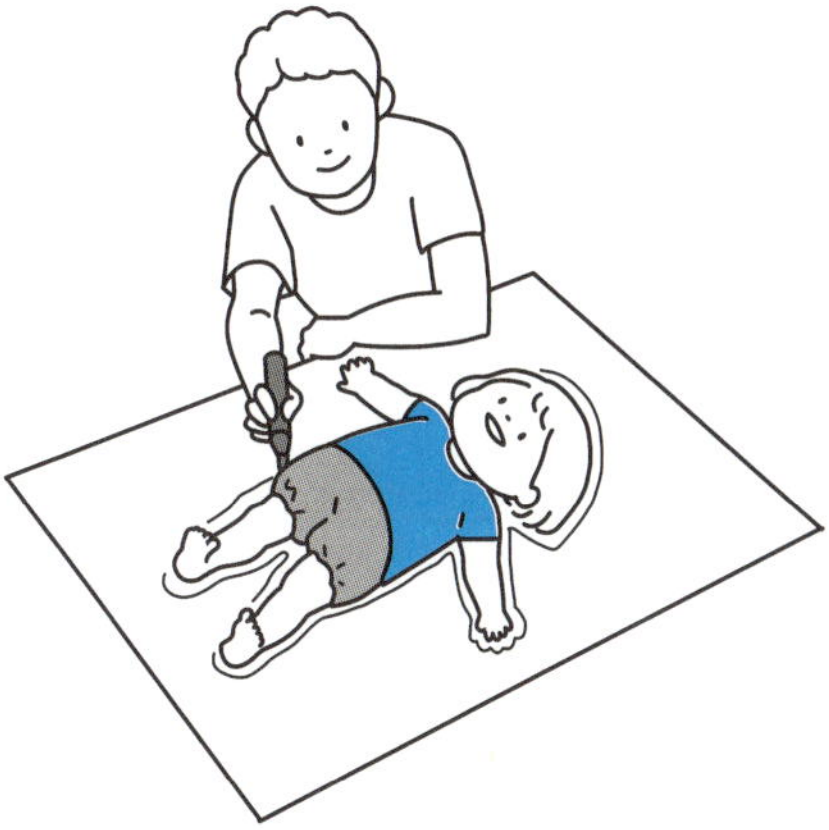

・大きなサイズの模造紙などの上に子どもを寝かせて、全身をペンでかたどる

・できあがった等身大の体に、クレヨンなどで自由に色を塗らせたり、服を描かせたりする

【著者紹介】

伊藤 美佳（いとう・みか）

◉——０歳から天才を育てる乳幼児親子教室「輝きベビーアカデミー」代表理事。（株）D・G・P代表取締役。幼稚園教諭１級免許。日本モンテッソーリ協会教員免許。保育士国家資格。小学校英語教員免許。NPO法人ハートフルコミュニケーションハートフル認定コーチ。サンタフェNLP／発達心理学協会・ICNLPプラクティショナー。日本メンタルヘルス協会認定基礎心理カウンセラー。

◉——26年間、幼稚園・保育園で１万5000人以上の幼児を教え、9000組の親子と関わってきた。自身の子どもがモンテッソーリ教育の幼稚園ですばらしい成長を遂げたことに感銘を受け、モンテッソーリ教師の資格を取得。
モンテッソーリ教育を実践していく中で、IQ以外の才能を見つけるハーバード大学教授の「多重知能理論」を取り入れ、日本人向けにアレンジしたオリジナルメソッド「９つの知能」を開発。子どもの隠れた才能を発見し、最大限伸ばす手法として、スクールでも取り入れている。

◉——現在、自身のスクールを運営し、ママ向けの子育て講座やインストラクター養成講座を開催するほか、保育園・幼稚園教員向けに指導を行うため全国を飛び回っている。

◉——著書に、『マンガでよくわかる　モンテッソーリ教育×ハーバード式　子どもの才能の伸ばし方』（小社刊）、『引っぱりだす！こぼす！落とす！　そのイタズラは子どもが伸びるサインです』『モンテッソーリ流 たった５分で「言わなくてもできる子」に変わる本』（いずれも青春出版社）がある。

・「ママも子どもも笑顔になる」Instagram：www.instagram.com/mika_itoh/?hl=ja
・「天才スイッチをONにする」メルマガ：tensaikosodate.com/?p=65

モンテッソーリ教育《きょういく》×ハーバード式《しき》
子《こ》どもの才能《さいのう》の伸《の》ばし方《かた》

2018年７月23日　第１刷発行
2020年８月26日　第12刷発行

著　者——伊藤　美佳
発行者——齊藤　龍男
発行所——株式会社かんき出版
東京都千代田区麹町4-1-4 西脇ビル　〒102-0083
電話　営業部：03(3262)8011㈹　編集部：03(3262)8012㈹
FAX　03(3234)4421　振替　00100-2-62304
https://www.kanki-pub.co.jp/

印刷所——ベクトル印刷株式会社

　ISBN978-4-7612-7362-0 C0037